改訂4版

亡くなった後の手続き・届け出

大切な家族が がすべてわかる本

税理士、社労士、司法書士、行政書士 専門分野をプロが教える

新星出版社

　人が亡くなられた後、残された人には「しなければならないこと」が次々に押し寄せてきます。知人や親類への連絡、通夜・葬儀・告別式の手配、お世話になった人へのお礼……。少し落ちついてからも、法要や納骨の準備、残された家族の心配、そして、さまざまな届け出、申請・申告、手続きの数々。

　とくに、役所や関係機関に行なう手続きは、故人の喪もあけないうちに、ほとんど経験のないことをしなければならないだけに気が重いものです。何が必要で何が不要なのか、どれが優先でどれを後回しにしてよいのか、途方にくれる方が多いことでしょう。

　この本はそうした、気が重い中でも手続きをしなければならない方のために、手続きの数々をわかりやすく整理した本です。時間順、種類別に整理し、どなたでも必要な手続きが必要なときに、わずらわしい思いをせずに済ませられるよう説明しています。

　とはいえ、亡くなられた方も手続きをする人も、事情はさまざまのはず。そこでこの本では、ほとんどの人が直面する手続きを基本として押さえつつ、できる限り、いろいろなケースでも対応できるような説明を心がけました。

　人が亡くなられた後の手続きを、気が進まなくてもしなければならない立場の方の気持ち。それを、少しでも軽くして差しあげることができたら幸いです。

CONTENTS

はじめに ……………………………………………………………… 2

第1章 すぐにしなければいけない手続き

翌日から2週間くらいの間に行なう手続きはこれだけです ……… 15

まずここを確認

亡くなられた後、すぐ必要になる手続きは？ ………… 16
「死亡届」などをすみやかに提出

死亡診断書を受け取りましょう …………………………… 18
「死亡届」と合わせて1枚
- 「死亡診断書」の見方

死亡届に記入しましょう …………………………………… 20
手続きをする人が提出に行けないときは
- 「死亡届」の記入の仕方

埋火葬許可証の交付を受けましょう ……………………… 22
死亡届と同時に申請書を提出する
- 「埋火葬許可申請書」の記入の仕方

世帯主の変更が必要か確認しましょう …………………… 24
残された世帯員が2人以上のとき
- 「住民異動届」（世帯主変更）の記入の仕方

葬儀の費用・香典を記録しておきましょう ……………… 26
葬儀費用の記録は、相続税を計算するときに必要
香典の記録は、後で必要になることも

CONTENTS

納骨・法要のことを考えておきましょう …… 28
どの法要を行なうか、行なわないか？
お墓がある場合、ない場合

健康保険の資格喪失届を提出しましょう …… 30
国民健康保険以外の健康保険だったとき
亡くなられた方が世帯主だったとき
● 「国民健康保険被保険者資格喪失届」の記入の仕方

こういうときの手続きは？
亡くなられた方が在職中の会社員だったとき …… 32
先祖のお墓を近くに移したい …… 34

第2章 少し落ち着いたら最初に確認したいこと

次の手続きを始める前にこれだけ知っておきましょう …… 35

まずここを確認
必要になる書類と、調べておきたい事項は？ …… 36
相続人や遺言などについて確認しましょう

手続きに必要な書類を入手する方法 …… 38
コンビニで証明書などを入手したいとき

こういうときの手続きは？
代理で手続きしたい、してもらいたい …… 40
● 「委任状」の記入の仕方

戸籍謄本について確認しておきましょう ……… 42
除籍謄本・改製原戸籍謄本とは？
戸籍証明書等の広域交付制度が開始
- ●「戸籍証明等請求書」の記入の仕方

> こういうときの手続きは？

戸籍謄本の束がいくつも必要なとき ……… 45

住民票・印鑑証明書について確認しましょう ……… 46
登録している市区町村の役場で手続き
- ●「住民票の写し等請求書」の記入の仕方
- ●「印鑑登録証明書交付申請書」の記入の仕方

> こういうときの手続きは？

「死亡届記載事項証明書」が必要なとき ……… 49

手続きをする人が印鑑登録をしていないとき ……… 50
- ●「印鑑登録申請書」の記入の仕方

何が相続の対象になるか確認しましょう ……… 52
金額を見積もれるものは、ほとんど相続財産
借金や故人が引き受けた保証も相続の対象

誰が相続人になるのか確認しましょう ……… 54
相続人の順位は決まっている

CONTENTS

遺言の効力について知っておきましょう …… 56
　有効な遺言は3種類

相続税がかかるか概算してみましょう …… 58
　「基礎控除額」以下なら申告は不要
　相続財産に土地が含まれるとき

こういうときの手続きは?
手続きをプロに依頼したい …… 60

第3章 できれば早くしておきたい手続き

急ぐ手続きを済ませたら、3～4カ月くらいをめどに進めましょう …… 61

まずここを確認
落ち着いたら早めに済ませたい手続きは? …… 62
　今後受けられる給付と、支払いが続く料金を確認しましょう
　遺言・相続人・相続財産の確認に着手しましょう

健康保険と年金の手続きを確認しましょう …… 64
　健康保険からは葬祭費や療養費が支給される
　残された家族には年金や一時金も

電気・ガスなどの支払方法を変更しましょう …… 66
　住む人がいないときは使用停止に
　携帯電話やケーブルテレビも要確認
　忘れやすいサブスクの料金

こういうときの手続きは?
亡くなられた方が借家や借地に住んでいたとき ……… 69

運転免許証やカードを返却しましょう ……… 70
運転免許証は警察署で返納する
故人のクレジットカードの処理は要注意

遺言・相続人・相続財産の確認を始めましょう ……… 72
相続税の申告期限に合わせる場合
ケースによっては期限が早まることも

故人の所得税の申告が必要か確認しましょう ……… 74
所得が年金だけなら申告が不要の場合も
- 所得税の「申告書」（準確定申告）の記入の仕方
- 所得税の「確定申告書付表」（準確定申告）の記入の仕方

こういうときの手続きは?
実家に戻って同居したい、親を引き取りたい ……… 78

第4章 健康保険と年金で必要な手続き

期限の余裕はありますが、順番に済ませていきましょう ……… 79

まずここを確認
健康保険と年金で忘れてならない手続きは？ ……… 80
受給できるもの、できないものを確認しましょう

CONTENTS

亡くなられた方の健康保険を確認しましょう ……… 82
　健康保険は全部で5種類
　亡くなられた場合の給付内容には違いがある

健康保険の葬祭費を申請しましょう ……… 84
　後期高齢者医療以外のケースでは？
　　● 「葬祭費支給申請書」（後期高齢者医療）の記入の仕方

高額療養費が支給されないか確認しましょう ……… 86
　亡くなられた後でも申請できる高額療養費
　自己負担限度額がさらに下がるケースも
　　● 「高額療養費支給申請書」（後期高齢者医療）の記入の仕方

亡くなられた方の年金を確認しましょう ……… 90
　日本の年金制度は2階建て
　亡くなられた方が専業主婦（夫）だったときは

未支給の年金を請求しましょう ……… 92
　生計を同じくしていた遺族がいるとき
　　● 「未支給年金・未払給付金請求書」の記入の仕方
　死亡届も同時に提出する
　　● 「年金受給権者死亡届（報告書）」の記入の仕方

遺族基礎年金が受給できるか確認しましょう ……… 96
　亡くなられた方に生計を維持されていたとき
　残された18歳未満の子どもがいるとき
　国民年金保険料を一定以上、納付しているとき
　「国民年金遺族基礎年金裁定請求書」を提出する

こういうときの手続きは？
　残された妻が60歳以上65歳未満だったとき ……… 99

遺族厚生年金が受給できるか確認しましょう ………… 100
対象者が年齢要件を満たしたとき
「厚生年金遺族給付裁定請求書」を提出する

死亡一時金が受給できないか確認しましょう ………… 102
故人が3年以上、保険料を納めたときに支給

● こういうときの手続きは?
年金を選ばなければならないとき、支給停止になるとき …… 103
会社の仕事中や通勤途中に亡くなったとき ………… 104

第5章 遺言と遺産分割の手続き

後の手続きのためにも早めに着手しましょう ………… 105

● まずここを確認
遺言と遺産分割に必要な手続きは? ………… 106
遺言が残されていなかったときの話し合い

遺言が残されていないか確実に調べましょう ………… 108
故人が公正証書の遺言を残していたとき
自筆の遺言書を探すとき

必要に応じて遺言の検認を受けましょう ………… 110
家庭裁判所に検認を申し立てる
● 「家事審判申立書」（遺言書の検認）の記入の仕方
● 「相続人目録」（当事者目録）の記入の仕方

CONTENTS

遺留分が侵害されていないか確認しましょう……………114
侵害されているときは「遺留分侵害額請求書」を送付
- 「遺留分侵害額請求書」の書き方

他に相続人がいないことを確認しましょう……………116
亡くなられた方の一生の戸籍謄本をとる
- 「戸籍謄本」(現在の「戸籍全部事項証明書」)の見方
- 「戸籍謄本」(平成改製原戸籍謄本)の見方
- 「除籍謄本」の見方

どんな相続財産があるか確認しましょう……………120
どんな財産があるのか見当がつかないとき
財産目録をつくって整理する

相続をどうするか方針を決めましょう……………122
故人に多額の借金があったとき
遺産に相続税がかかりそうなとき

こういうときの手続きは?
故人に借金があって相続をしたくないとき……………124
- 「相続放棄申述書」の記入の仕方

亡くなられた方が事業を行なっていたとき……………127

遺言がないときは遺産分割協議をしましょう……………128
誰と誰がどのように協議すればよいのか?
どの方法で遺産を分割すればよいか?

こういうときの手続きは?
生前に財産を贈与された人などがいるとき……………132

遺産分割協議書を作成し印をもらいましょう……………134
相続人全員の実印と印鑑証明書を添付する
- 「遺産分割協議書」のつくり方

まとまらないときは調停を申し立てましょう ……………… 136
調停でもまとまらないときは審判
- 「遺産分割調停（審判）申立書」の記入の仕方
- 「当事者目録」の記入の仕方
- 「遺産目録」の記入の仕方
- 「特別受益目録」の記入の仕方

第6章 遺産の相続と名義変更の手続き

遺産ごとに相続届や名義変更の手続きが必要です ……………… 141

まずここを確認

相続や名義変更の手続きが必要な遺産は？ ………… 142
「法定相続情報証明書制度」で戸籍謄本などの省略も

生命保険の保険金を受け取る手続きをしましょう ………… 144
保険金の受取人が指定されていないとき
- 「保険金請求書」の記入の仕方

銀行口座などの相続手続きをしましょう ……………… 146
金融機関所定の「相続届」を提出する
- 「相続届」の記入の仕方

こういうときの手続きは？

家族も知らない預金口座などがありそうなとき ………… 149

CONTENTS

株式や投資信託などの名義変更をしましょう ……… 150
銀行口座の手続きとの違い
所定の「相続手続依頼書」などを提出する
- ●「相続手続依頼書」の記入の仕方

家や土地の相続手続きをしましょう ……… 154
管轄の登記所に「登記申請書」を提出する
- ●「登記申請書」（所有権移転）のつくり方
- ●「相続関係説明図」のつくり方

●こういうときの手続きは？
故人に住宅ローンの残高があったとき ……… 158
- ●「登記申請書」（抵当権抹消）のつくり方

自動車を相続したら名義変更をしましょう ……… 160
管轄の陸運局で移転登録する
- ●「移転登録申請書」（自動車）の記入の仕方

ゴルフ会員権なども名義変更をしましょう ……… 162
手続きはゴルフ場などに問い合わせて
骨董品や貴金属があったとき
- ●「電話加入権等承継・改称届出書」の記入の仕方

●こういうときの手続きは？
親の家を片づけたい、整理したい ……… 164

第7章 相続税の申告と納税の手続き

10カ月以内に納税まで済ませる予定を組みましょう ………… 165

まずここを確認

知っておきたい相続税の計算方法とは？ ……………… 166
遺産の分け方で変わるトータルの納税額

相続した財産を評価しましょう ……………… 168
評価方法は財産の種類ごとに変わる

土地の相続税評価額を計算してみましょう ……………… 170
宅地なら「路線価方式」か「倍率方式」で評価
- 「倍率表」の見方
- 「路線価図」の見方
- 「調整率表」の見方

小規模宅地等にあたらないか確認しましょう ……………… 174
適用できれば相続税の評価額は8割減額される
事業用の宅地も要件を満たせば減額される

株式の相続税評価額を計算してみましょう ……………… 176
取引所に上場されている株式だったとき
取引相場のない、非上場株式だったとき

相続税の総額を計算してみましょう ……………… 178
「みなし相続財産」や生前贈与があったとき
故人に借金などの負債があったとき
課税価格の合計が基礎控除額以下だったとき
速算表を使って相続税の総額を計算する

CONTENTS

各相続人の税額を計算してみましょう …… 182
各人の相続税額から税額控除
相続税の総額を課税価格の割合で按分する

●こういうときの手続きは？
相続時精算課税制度を利用していたとき …… 185

相続税の申告手続きをしましょう …… 186
税額軽減や税額控除があるとき
● 「相続税の申告書（第1表）」の記入の仕方①

第1表から第15表まで順番に作成する
● 「相続税の申告書（第1表）」の記入の仕方②

相続税の税額を納付しましょう …… 190
現金に納付書を添えて提出する
納付税額を現金で一括払いできないとき

執筆協力：和田 秀実
編集協力：(有) クラップス
デザイン・DTP：田中 由美
イラスト：MICANO

※本書ではとくに記載がない限り、2025年2月現在の情報をもとにしています。最新の情報は手続き先などにお問い合わせください。

第1章
すぐにしなければいけない手続き

翌日から2週間くらいの間に行なう手続きはこれだけです

すぐにしなければいけない手続きのポイント

★葬儀までの間に「死亡届」「埋火葬許可申請書」、その後、必要に応じて「世帯主変更届」を市区町村役場に提出します。

★亡くなられた方が国民健康保険、後期高齢者医療の被保険者だったときは、14日以内に「資格喪失届」を提出します。

★その間に、今後の納骨と法要のことを考えておきましょう。

> まず
> ここを
> 確認

亡くなられた後、すぐ必要になる手続きは?

すぐにしなければならない手続きの数は、そう多くありません。周囲の人や葬儀社(そうぎしゃ)の助けも借りて、無事に済ませましょう。

「死亡届」などをすみやかに提出

まず、届け出が必要なのは「死亡届(しぼうとどけ)」(→P20)と「埋火葬許可申請書(まいかそうきょかしんせいしょ)」です(→P22)。

必要な場合は「世帯主変更届(せたいぬしへんこうとどけ)」(→P24)も添えて提出します。

死亡届と埋火葬許可申請書は7日以内の期限となっていますが、実際は**もっと早い手続きが必要**です。死亡届の提出と同時に埋火葬許可を申請して、「埋火葬許可証(まいかそうきょかしょう)」の交付を受けないと葬儀ができないためです。

世帯主変更届も期限は14日以内ですが、通常は**死亡届と同時に提出**することになっています(→P24)。

これらが済めば、当面の手続きは国民健康保険などの「資格喪失届(しかくそうしつとどけ)」の提出になります。この間に、今後の納骨(のうこつ)・法要(ほうよう)などのことも考えておきましょう(→P30)。

こういうケースでは?

ほかの人に手続きを手伝ってもらいたいとき

死亡届などは、**葬儀社が代理**で提出をしてくれることがあります(→P20)。ただし、**委任状(いにんじょう)が必要**です(→P40)。

亡くなった方が在職中の会社員だった場合は、健康保険の手続きなどは会社の担当者に手伝ってもらえます(→P32)。

亡くなられた後、2週間くらいの手続きの流れ

手続きの流れ

- **死亡診断書**（しぼうしんだんしょ） 受取り → P18
- **死亡届**（しぼうとどけ） 提出 → P20 ［7日以内］
- **埋火葬許可申請書**（まいかそうきょかしんせいしょ） 提出 → P22

ただし通常は同時に提出

- 必要に応じて **世帯主変更届**（せたいぬしへんこうとどけ） 提出 → P24 ［14日以内］
- **埋火葬許可証**（まいかそうきょかしょう） 受取り → P22
- （費用・香典（こうでん）の記録） → P26
- **国保など健康保険資格喪失届** 提出 → P30 ［14日以内］

葬儀などの流れ
（一般的な仏式の場合）

亡くなられたとき
↓
ご遺体の搬送
↓
葬儀の打ち合わせ

↓
納棺（のうかん）
↓
お通夜（つや）
↓
葬儀・告別式（こくべつしき）
↓
ご出棺（しゅっかん）・火葬（かそう）
↓
帰宅・後飾り（あとかざり）

■ はほとんどの人が手続きをする書類です

第1章 すぐにしなければいけない手続き

すべての人　　　　　　　　　できるだけ早く

死亡診断書を受け取りましょう

亡くなられた後、最初にしなければならないのは「**死亡診断書**」を受け取ることです。

「死亡届」と合わせて1枚

人が亡くなると、病院や自宅などで臨終に立ち会った医師が「死亡診断書」を作成してくれます。

これは、手続きをする人が「死亡届」（→次項）を提出するのに必要な書類で、**死亡届と合わせて1枚**になっています（下図参照）。

たいていの場合、死亡診断書は何も言わなくても当日か翌日に渡してもらえます。なかなかもらえないときは、こちらから依頼して交付してもらいましょう。

なお、事故など、医師が継続的に診療していた**病気以外の理由で亡くなったとき**は、医師は検案をして「**死体検案書**」を作成します。死体検案書も、死亡診断書と同じ用紙が使われます。

●……死亡届と死亡診断書・死体検案書の関係……●

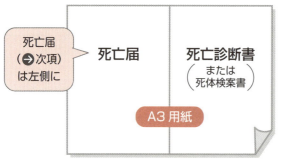

● ……「死亡診断書」の見方（さいたま市の例）……●

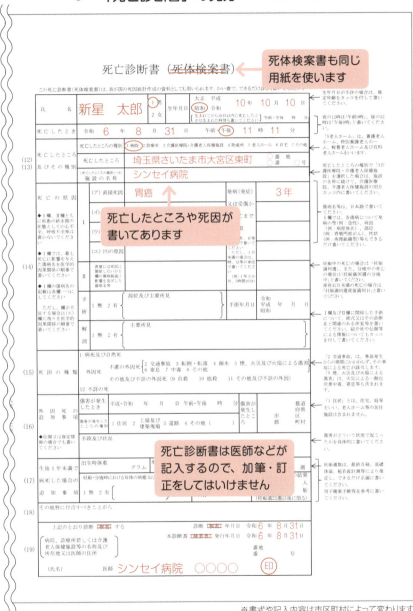

| 入手先・提出先 | 死亡届（➡次項）とセットで入手・提出 |

すべての人　　　　　　7日以内に

死亡届に記入しましょう

「死亡診断書」を受け取ったら、「死亡届」に記入して、できるだけ早く提出します。

死亡届の提出期限は7日以内となっていますが、**実際にはもっと早く提出する**ケースがほとんどです。葬儀を進めるために必要な**埋火葬許可の申請**（→次項）を、原則として**死亡届の提出と同時に行なう**ためです。

いろいろなことが重なっている時期かもしれませんが、死亡届は早めに記入し、無理のない日程で手続きをしましょう。

手続きをする人が提出に行けないときは

右ページの「届出人」欄を見るとわかるように、死亡届の届け出は親しい人がすることになっています。

ただ、届出人が記入をすれば**葬儀社が提出**を代理でしてくれるケースもあるので相談してみましょう。

こういうケースでは？

「死亡届記載事項証明書」が必要なとき

死亡診断書の写しともいえる「死亡届記載事項証明書」が、後々の手続きで必要になることがあります（→P49）。

手続きによっては、死亡届と死亡診断書のコピーで済むこともあります。死亡届を提出する前に、忘れずに**数枚のコピーをとっておく**ようにしましょう。

●……「死亡届」の記入の仕方（さいたま市の例）……●

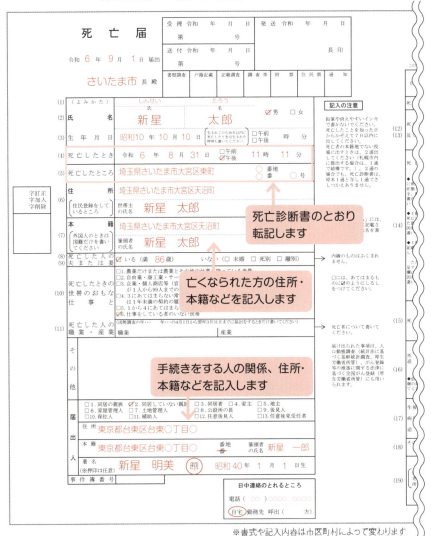

入手先・提出先	故人の本籍地・死亡地、届出人の所在地の市区町村役場の窓口（病院に備え付けてあることが多い）
手続きできる人	①同居の親族、②同居していない親族、③同居者、④家屋管理人 など（提出は葬儀社などが代行してくれることもある）
必要なもの	同じ用紙の右側の死亡診断書（→前項）に医師の証明

すべての人　　7日以内に

埋火葬許可証の交付を受けましょう

　死亡届と同時に、亡くなられた方の火葬・埋葬を行なうための申請書を提出します。

　故人の火葬・埋葬には、市区町村長の許可が必要です。そこで、市区町村役場に許可申請の手続きを行ないます。

死亡届と同時に申請書を提出する

　「埋火葬許可申請書」の提出は、**死亡届と同時が原則**です（→前項）。申請が受理されると「埋火葬許可証」が交付されます。

　この埋火葬許可証は、火葬の当日に火葬場に提出します。火葬が行なわれると火葬場は、許可証に火葬の証明を加えた上で返却してくれます。これが「埋葬許可証」となります。

　このような書類のやりとりは、**葬儀社が代行**してくれるケースが多くなっていますので、これも相談してみましょう。

　埋葬許可証は、納骨のときまで遺族が保管し、墓地の管理事務所やお寺などに提出します。

●……死亡から納骨までの手続きの流れ……●

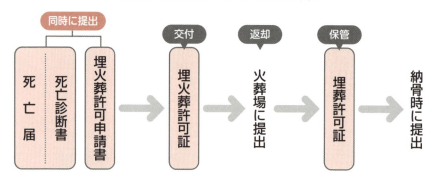

●……「埋火葬許可申請書」の記入の仕方（栗東市の例）……●

栗東市埋火葬許可申請書（死亡届用）

死亡者	本　籍	滋賀県栗東市荒張○丁目○
	住　所	滋賀県栗東市荒張○丁目○
	氏　名	新星　太郎
	生年月日	昭和10年 10月 10日生　性別　㊚・女

死　因	一類感染症等　　　　㊛の他
死亡年月日時	令和6年 8月31日　午前・㊌ 11時11分
死亡の場所	滋賀県栗東市荒張○丁目○
埋葬又は火葬場所	㊙津市営火葬場・野洲川斎苑・その他（　）

亡くなられた方の本籍・住所・氏名などを記入します

「一類感染症等」とはエボラ出血熱・ペストなどのことです。通常は「その他」に○をします

上記のとおり申請いたします。

申請者　住所　東京都台東区台東○丁目○

　　　　氏名　新星　一郎　　　　㊞

　　　　死亡者との続柄　長男

令和6年 9月1日

栗　東　市　長

手続きをする人の住所・氏名・続柄などを記入します

※ 太線内を記入してください

※ 死亡届の届出人以外の方が来庁された場合で、その方を連絡先とされたい場合にご記入ください。

この死亡届等に関する連絡先

会社名か住所	
氏　名	
電話番号	

※書式や記入内容は市区町村によって変わります

入手先・提出先	死亡届を提出する市区町村役場の窓口
手続きできる人	埋葬・火葬を行なう人（提出は葬儀社などの代行も）
必要なもの	原則として死亡届（→前項）と同時に提出

第1章　すぐにしなければいけない手続き

✓ 該当すれば　残された世帯員が2人以上の人　　14日以内に

世帯主の変更が必要か確認しましょう

　亡くなられた方が世帯主だった場合は、「世帯主変更」の届け出が必要な場合があります。「世帯」とは住居と生計をともにしている単位のことです。「世帯主」とはその世帯（単位）の代表者のことで、「世帯員」とは世帯を構成する人のことです。逆にいうと、亡くなられた方が世帯主でなかった場合は、この届け出はしなくてかまいません。

　また、残されたのが奥さんだけというように、世帯員が1人になる場合、あるいは奥さんと幼い子というように、誰が新しい世帯主になるか明確な場合も、届け出の必要はありません。

残された世帯員が2人以上のとき

　つまり、残された世帯員が2人以上いて、誰が世帯主になるか明確でない場合に必要な手続きです。たとえば奥さんと子どもというケースでは、社会的に世帯主として、より適切と思われる方が世帯主になることができ

●……世帯主変更の届け出が必要になるケース……●

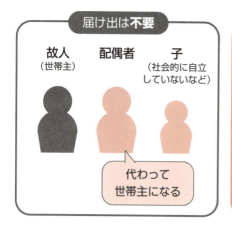

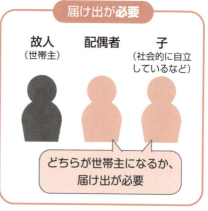

ます。

　この届け出は 14 日以内が期限となっていますが、届け出が必要な場合は、**死亡届と同時に提出する**のが一般的です。特別な事情がない限りは、同時に提出できるように確認しましょう。

　届け出は、「**住民異動届**（じゅうみんいどうとどけ）」の用紙で行なう場合がほとんどです。

　住民異動届は、残された親を引き取ったり、実家に戻って同居する場合（→ P78）なども必要です。書き方を覚えておきましょう。

● ……「住民異動届」（世帯主変更）の記入の仕方 （東京都板橋区の例） …… ●

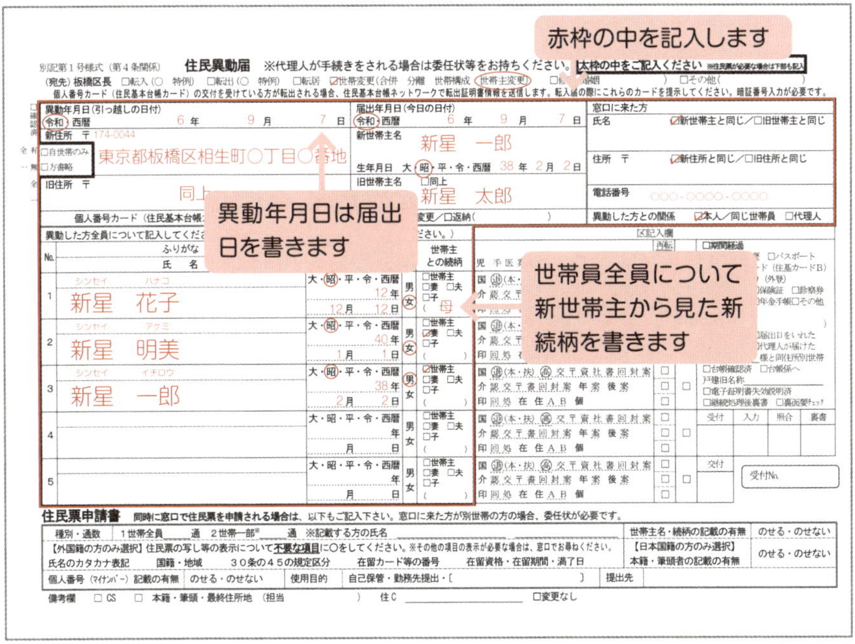

赤枠の中を記入します

異動年月日は届出日を書きます

世帯員全員について新世帯主から見た新続柄を書きます

※書式や記入内容は市区町村によって変わります

入手先・提出先	故人が居住していた市区町村役場の窓口
手続きできる人	故人の同一世帯員、代理人
必要なもの	新しい世帯の世帯員全員の健康保険の被保険者証、代理人の場合は委任状 該当する場合は介護認定受給資格証明書

すべての人　　　できるだけ早く

葬儀の費用・香典を記録しておきましょう

　お通夜・告別式の当日になったら、後々の手続きのためにお金の出と入りを記録しておくことが大切です。

　葬儀社に支払う分などについては、後で明細の書類が届けられます。しかし葬儀には、お布施や心付けなど、領収書のない出費も伴うものです。きちんと記録をとっておきましょう。

　当日は、**領収書のあるものは領収書を保管し、ないものはメモを残しておく**程度でかまいません。後日、時間のあるときに下表のような形にまとめておきましょう。

葬儀費用の記録は、相続税を計算するときに必要

　葬儀の費用は、後で相続税の計算をするときに相続財産から差し引き、その分の相続税を安くすることができます（→P178）。

●……葬儀費用の記録（例）……●

父太郎の葬儀の費用一覧

支出先	内　容	金　額
○○寺	お布施	円
○○寺	戒名料	円
○○葬儀社	斎場使用料	円
○○葬儀社	祭壇代	円
〜〜〜	〜〜〜	〜〜〜
○○さん他○人	心付け　5000円×○人	円
○○さん他○人	心付け　10000円×○人	円
合　　計		円

お通夜の飲食代やお坊さんへのお布施なども、葬儀費用として相続財産から差し引くことができます。もれなく記録するようにしましょう。

香典の記録は、後で必要になることも

香典には原則として相続税も所得税もかかりません。そのため、**香典返しにかかった費用は、相続税の総額から差し引くことはできません**。しかし、遺産分割の話し合いなどで香典の合計額などが必要になることがあります。こちらも後日、時間のあるときに表の形にまとめておきましょう。

個々の会葬者(かいそうしゃ)のお名前・住所・香典の金額などは、当日の「芳名録(ほうめいろく)」などに残っているはずなので、下表のような形で金額をまとめておけば充分です。

●……香典の記録（例）……●

式	金額・人数	小計
父太郎の葬儀の香典一覧		
お通夜	3000円×○人	円
	5000円×○人	円
	10000円×○人	円
	30000円×○人	円
	〜〜〜〜〜〜	
	100000円×○人	円
その他	5000円×○人	円
合　計		円

すべての人　　　　　　　　　　できるだけ早く

納骨・法要のことを考えておきましょう

　納骨・法要のしかたによっては、必要な手続きが増えたり、他の手続きと時期が重なったりすることがあります。

　右ページの図は、一般的な仏式の法要をまとめたものです。現在では、初七日法要を告別式の日にあわせて行ない、その後、四十九日、百か日、一周忌を行なうのが一般的とされています。

どの法要を行なうか、行なわないか？

　ただ最近では、葬儀の日に四十九日の法要まで行なうケースもあります。ですから、**四十九日までの法要は、葬儀の打ち合わせのときに決めておく**ことが必要です。

　その後は、あまり先の法要まで決めておく必要はありませんが、一周忌くらいまでの期間は、まだ遺産分割協議（→P128）や相続のいろいろな手続きが続いている可能性があります。

　法要と、各種の手続きのかねあいも考えて、どの法要を行なうか、行なわないか、考えておくようにしましょう。

こういうケースでは？

神式、キリスト教式の法要を行なうとき

　神式では「霊祭」、**キリスト教式**では「追悼ミサ」「記念式」など、名称や日にちは違うものの、仏式の法要にあたるものがあります。

　よく知らない形式の場合は、それぞれに詳しい親族などに聞いて、とどこおりなく進めましょう。

お墓がある場合、ない場合

納骨については、四十九日の法要にあわせて行なうことが一般的になっています。亡くなられたときに、お墓が用意できていない場合は一周忌、遅くとも三回忌までに用意して、納骨するようにしたいものです。

先祖代々のお墓があっても、お参りしやすいところにお墓を移したいと考えているときは、改葬許可の申請（→P34）が必要になります。その手続きも予定に入れておきましょう。

●……考えておきたい主な法要……●

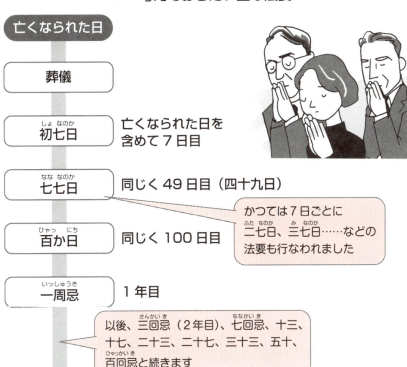

亡くなられた日

葬儀

初七日 — 亡くなられた日を含めて7日目

七七日 — 同じく49日目（四十九日）

かつては7日ごとに二七日、三七日……などの法要も行なわれました

百か日 — 同じく100日目

一周忌 — 1年目

以後、三回忌（2年目）、七回忌、十三、十七、二十三、二十七、三十三、五十、百回忌と続きます

すべての人 / **14日以内に**

健康保険の資格喪失届を提出しましょう

　保険や年金の手続きの中でも、健康保険の「**資格喪失届**」だけは早めの手続きが必要です。

　亡くなられた方の医療保険が**国民健康保険だった場合**は、資格喪失届の提出期限が14日以内となっています。期限内に手続きができる予定を立てましょう。

　同時に、**健康保険の葬祭費の申請**（→P84）も行なうと、時間の節約になりますが、間に合わないようなら資格喪失届だけでも先に手続きします。

　届け出のときには、故人の保険証（国民健康保険被保険者証）があれば返却します※。また亡くなられた方が70歳以上で「高齢受給者証」があれば一緒に返却します※。

国民健康保険以外の健康保険だったとき

　亡くなられた方が75歳以上で「後期高齢者医療被保険者証」があれば返却しますが、手続きは市区町村により異なります※。

こういうケースでは？

市区町村の窓口に問い合わせが必要なとき

　介護保険や後期高齢者医療の資格喪失手続きと被保険者証の返却については、市区町村によって取り扱いが異なります。

　また、故人が**国民年金を受給**していた場合に、14日以内に死亡届（→P94）の提出を求められる市区町村があります。

　これらについては、それぞれの市区町村の窓口に問い合わせておきましょう。

※2024年12月以降、新規の健康保険証は発行されなくなり、原則、マイナンバーカードを健康保険証として利用することになる。またマイナンバーカードを健康保険証として利用する場合は、高齢受給者証を兼ねる。

亡くなられた方が会社員で、会社などの健康保険に加入していたケースの手続きは、次ページを参考にしてください。

亡くなられた方が世帯主だったとき

国民健康保険に加入している世帯主が亡くなった場合でも、残された世帯員の方が国民健康保険に加入の手続きをする必要はありません。新しく世帯主になった方に対し、計算し直された**保険料が通知されます**。

故人が会社で健康保険に加入していて、残された世帯員の方が扶養(ふよう)に入っていた場合は、別途、必要な手続きがあります（→次ページ）。

●…「国民健康保険被保険者資格喪失届」の記入の仕方 （東京都豊島区の例）…●

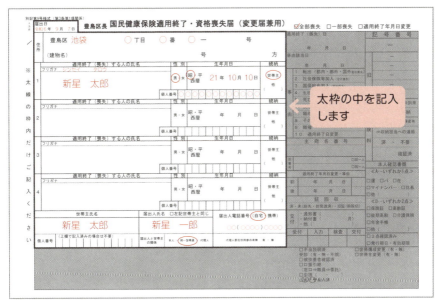

※書式や記入内容は市区町村によって変わります

入手先・提出先	故人が居住していた市区町村役場の窓口
手続きできる人	世帯主、代理人（同一世帯員）
必要なもの	故人の保険証（所持している場合） 同一世帯でない代理人の場合は委任状

こういうときの手続きは?

亡くなられた方が在職中の会社員だったとき

　在職中の会社員や会社役員は、会社などの健康保険に加入しているので、「健康保険・厚生年金保険被保険者資格喪失届」を5日以内に年金事務所に提出することとされています。

　ただ会社の場合は、**人事の担当者などが手続きを手伝ってくれる**ことが多いので、あまり心配する必要はないでしょう。

死亡退職届を提出して保険証などを返却

　一般的には、「死亡退職届」を会社に提出し、保険証（健康保険被保険者証）があれば返却します※。このとき、社員証など、会社から貸与を受けていたものがある場合は、同時に返却するようにしましょう。

　一方、会社から受け取るものもあります。退職金のほか、未払いの給与、社内預金、自社持株などがあった場合です。

　社内預金や自社持株など、処理の仕方がよくわからないときは、これも**会社の担当者に相談**してみましょう。

亡くなられた方の扶養に入っていたときは

　妻や子どもが、夫（故人）の健康保険の扶養に入っていたようなケースでは、夫の資格喪失とともに被保険者の資格がなくなるため、後の健康保険のことを考えなくてはいけません。

　会社員である家族が別にいるときは、そちらの方の扶養に入ることもできます。

　家族に国民健康保険に加入している人がいるときや、ほかに家族がいないときは、国民健康保険に加入しましょう。

※ 2024年12月以降、新規の健康保険証は発行されなくなり、原則、マイナンバーカードを健康保険証として利用することになる。

こういうケースでは？

妻が国民年金の「第3号被保険者」だったとき

　妻が**夫の扶養**に入っていたケースでは、妻の年金は国民年金の「**第3号被保険者**」（→P91）というものになっています。この場合、夫の厚生年金資格喪失とともに、妻は国民年金の「**第1号被保険者**」という年金になります。

　市区町村役場で第1号被保険者へ変更する手続きと、その後の年金保険料の支払いが必要です。

●……会社に提出・返却するもの、受け取るもの……●

提出・返却するもの

死亡退職届など

会社から求められた書類

健康保険被保険者証
（所持している場合）

返却するもの

社員証など

会社から貸与されていたもの

受け取るもの

退職金

未払いの給与

社内預金

自社持株など

こういうときの手続きは?

先祖のお墓を近くに移したい

実家の近くに先祖代々のお墓があっても、遠く離れて暮らしているとなかなかお参りもできず、心苦しいものです。亡くなられた方の納骨(のうこつ)について考えて、この機会に、もっとちゃんとお参りできる場所にお墓を移したいと思う方もいるのではないでしょうか。

市区町村役場に「改葬許可申請書」を提出

お墓を移すには、現在の墓地の管理者や、新しい墓地の管理者の承諾をもらうのはもちろんですが、現在の墓地がある市区町村から「改葬(かいそう)許可証(きょかしょう)」の交付を受ける必要もあります。

手続きは、市区町村によって多少異なりますが、一般的には下図のような流れです。

最初の「改葬許可申請書」は、現在の墓地がある市区町村役場でもらって記入し、申請します。交付された「改葬許可証」は新しい墓地の管理者に提出します。

●……改葬までの手続きの流れ (福岡市の例) ……●

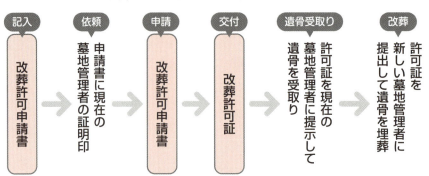

記入	依頼	申請	交付	遺骨受取り	改葬
改葬許可申請書	申請書に現在の墓地管理者の証明印	改葬許可申請書	改葬許可証	許可証を現在の墓地管理者に提示して遺骨を受取り	許可証を新しい墓地管理者に提出して遺骨を埋葬

第2章

少し落ち着いたら最初に確認したいこと

次の手続きを始める前にこれだけ知っておきましょう

少し落ち着いたら最初に確認したいポイント

★これからの手続きで必要になる申請書類、戸籍謄本、住民票、印鑑登録証明書などの入手方法を知っておきましょう。

★相続財産、相続人、遺言などについて、自分たちのケースではどうなるか、確認しておきましょう。

★相続税がかかるか、かからないか、概算してみましょう。

> まず
> ここを
> 確認

必要になる書類と、調べておきたい事項は？

　少し落ち着いたら、これからの手続きで必要になる書類と、手続きの前提になる事項を確認しておきます。

　申請書類や証明書類の種類や内容について知り、それぞれ**入手する方法を調べて、どの方法で入手するか、予定を立てておくことも大切です。**

相続人や遺言などについて確認しましょう

　自分たちのケースでは、相続財産は何があるか、誰が相続人になるのか、遺言（ゆいごん）はあるのかないのか、相続税はかかりそうかなど、あらかじめ見当（けんとう）をつけておきましょう。

　具体的に調べたり、計算するのは時間がかかります。しかし、遺言のあるなしや、相続税の課税・非課税で、後の手続きは大きく変わってくるものです。早めに調べておくにこしたことはありません。

こういうケースでは？
どうしていいかわからなくなったとき
　手続きが複雑だったり、相続人の間でトラブルになったりすると、どうしていいか、わからなくなってしまうことがあるかもしれません。そんなときは、それぞれの**専門家に相談してみる**ことをおすすめします（➡P60）。

少し落ち着いたら確認しておきたいこと

これからの手続きに必要な書類

届出書・申請書の用紙 → P38
入手方法 → P39

戸籍謄本（こせきとうほん）
入手方法 → P39、P42

住民票（じゅうみんひょう）
入手方法 → P39、P46

印鑑登録証明書（いんかんとうろく しょうめいしょ）
入手方法 → P39、P46

手続きの前提になる確認事項

相続財産
確認方法 → P52

相続人（そうぞくにん）
確認方法 → P54

遺言（ゆいごん）
確認方法 → P56

相続税
確認方法 → P58

第2章　少し落ち着いたら最初に確認したいこと

少し落ち着いたら

手続きに必要な書類を入手する方法

　これからの手続きで必要になる届出書・申請書の用紙、証明書類などを入手する方法を確認しましょう。

　申請の用紙や証明書を手に入れるとき、**すべてを窓口に出向かなくても大丈夫**です。

　「戸籍謄本・抄本」（→ P42）や「住民票の写し」（→ P46）は、以前から郵送による請求・送付を受け付けていますし、最近ではコンビニでの交付サービスに対応する市区町村も増えています。

　とくにインターネットでは、申請の用紙などが手に入るほか、コンビニや郵送、窓口で手続きする方法についても情報が得られます。

　可能なら、まず手続きをする**市区町村のホームページをチェック**して、情報を入手するのがおすすめです。その際、市区町村によって異なる手続きについても、確認しておきましょう。

コンビニで証明書などを入手したいとき

　コンビニでの交付を利用できるのは市区町村に住民票がある人で、マイナンバーカード（または住民基本台帳カード）と利用者登録が必要です。

こういうケースでは？

マイナンバーカードも住基カードも持っていない

　住基カードの新規発行・更新は平成27年に終了しました。マイナンバーカードを取得するには申請が必要です。通知カードに同封されていた申請書による申請、インターネットでの申請、コンビニなどにあるマルチコピー機（一部）で申請する方法があります。

兵庫県西宮市の例では、コンビニで交付を受けられる証明書は、住民票の写し（➡P46）、印鑑登録証明書（➡P46）、戸籍謄本・抄本（同市に本籍がある人のみ）（➡P42）などとなっています。

●……手続きに必要な書類や情報の入手方法……●

インターネットで
- 各種届出書・申請書の用紙（ダウンロード）
- 届出書・申請書の記入例
- 手続きに必要な書類などの情報
- コンビニ・郵送での入手方法などの情報
- 窓口の場所・受付時間などの情報

コンビニで
- 戸籍謄抄本・住民票の写し・印鑑登録証明書

郵送で
- 戸籍謄抄本・住民票の写し（印鑑登録証明書は不可）

窓口で
- すべての届出書・申請書の用紙
- 戸籍謄抄本・住民票の写し・印鑑登録証明書
  ※手続きの方法や記入の仕方も教えてもらえます

※インターネットやコンビニで入手できる書類は市区町村によって異なります。市区町村のホームページで確認するか、電話で問い合わせましょう。

こういうときの手続きは?

代理で手続きしたい、してもらいたい

　各種の手続きは、本人が行なうのが好ましいですが、本人が高齢だったり、仕事で行けないときなど、ほとんどの手続きで代理が認められます。
　代理できる範囲は、「死亡届」（→P 20）のように **提出だけ代理が認められるもの**、「戸籍謄本」（→P 42）のように **請求まで代理人が行なえるもの** など、手続きと代理人の立場によってさまざまです。
　また、「委任状」などの提出が求められることがあります。右ページの例のように委任状にも所定の様式があったり、記載する内容の定めがあったりします。まず問い合わせてから、つくるようにしましょう。

委任状がいらないケース

　本人が高齢なので子どもが代理で手続きをしたい、夫が多忙なので妻が代理で行ないたいといったケースも多いはずです。戸籍謄本の請求などでは、同じ戸籍の名前の欄に記載がある夫や妻、子どもなどは、委任状がなくても、交付を受けられる場合があります。問い合わせてみましょう。
　また、専門家（→P 60）に依頼すると、手続きによっては委任状なしで済むケースもあるので、相談してみてください。

こういうケースでは?

本人確認書類の提示を求められたとき
　「本人確認書類」としては一般に、運転免許証、パスポート、マイナンバーカード（個人番号カード）などが有効です。
　写真付きの書類がないときは、健康保険証と年金手帳のように、複数の確認書類を求められることがあります。

●……「委任状」の記入の仕方（藤沢市の例）……●

[証明交付申請用]

委 任 状

令和6年　9月　14日

委任者（請求者本人）

住所　神奈川県藤沢市本町○丁目○番○号

氏名　新星　一郎　
※必ず自署・押印してください。

> 委任者の欄の住所・氏名
> は本人が直筆で書きます

受任者（代理人）

住所　神奈川県藤沢市本町○丁目○番○号

氏名　新星　明美

を代理人と定め、次の権限を委任します。

委任することがら

・<u>戸籍謄本の請求</u>　の交付申請及び受領に関する一切の権限

> 委任する手続きの内容
> を書きます

※所定の用紙がある場合、記載内容の指定がある場合があります。
必ず問い合わせてから作成しましょう

入手先	書式が定められている場合は提出先の窓口
必要なもの	ほとんどの場合、窓口に行く代理人の本人確認書類

すべての人 / 少し落ち着いたら

戸籍謄本について確認しておきましょう

手続きのときに必要になる書類の中で、最も重要なのが「戸籍謄本」です。戸籍謄本は、相続の手続きのほとんどで添付書類として提出が求められます。また、最終的に相続人を特定する（→P116）際などには、重要な資料としても必要です。

そのときになって迷わないよう、謄本の種類や請求の方法などをあらかじめ確認しておきましょう。

除籍謄本・改製原戸籍謄本とは？

戸籍謄本は、コンピュータ化した自治体では「戸籍全部事項証明書」という呼び方をします。戸籍に記載されている全員分の証明書で、一部の人だけのものは「戸籍抄本（戸籍個人事項証明書）」です。

これと別に、「除籍謄本」「改製原戸籍謄本（「かいせいはらこせきとうほん」ともいう）」が必要になることもあるので、注意しましょう。

これらの謄本の取得は、本籍地の市区町村役場で行ないます。

●……よく提出を求められる戸籍関係の書類……●

戸籍謄本（こせきとうほん）	戸籍抄本（こせきしょうほん）	除籍謄本（じょせきとうほん）	改製原戸籍謄本（かいせいげんこせきとうほん）
戸籍に記載されている全員分の証明書のこと。コンピュータ化された自治体では「戸籍全部事項証明書」という	戸籍に記載されている中の、ある一部の人だけの証明書のこと。「戸籍個人事項証明書」ともいう	戸籍に載っていた全員が、死亡や結婚によって、その戸籍からはずれた戸籍の写しのこと。その戸籍には、現在誰もいないことになる	昭和と平成に行なわれた戸籍制度の改正前の戸籍の写しのこと

●……「戸籍証明等請求書」の記入の仕方（東京都板橋区の例）……●

少し落ち着いたら最初に確認したいこと（第2章）

入手先・提出先	本籍地の市区町村役場の窓口
手続きできる人	戸籍の名欄に記載のある人（本人）、その妻や夫、親、子どもなど （第三者の場合は請求理由の詳しい記載が必要）
必要なもの	本人確認書類 代理人の場合は委任状と、代理人の本人確認書類

※書式や記入内容は市区町村によって変わります

記入例の注記：
- 請求する証明の通数を記入します
- 請求者が第三者のときは請求理由を詳しく記入します

戸籍証明書等の広域交付制度が開始

　戸籍法の改正により、2024年3月より全国のどこの本籍地の戸籍謄本（戸籍証明書）、除籍謄本でも、本籍地以外の最寄りの市区町村窓口で請求できるようになりました。これを広域交付制度といいます。

　本籍地が遠く離れた場所でも、現在の住所地や勤務先など最寄りの市区町村の窓口で書類を請求できます。必要な戸籍の本籍地が、異なる複数箇所あっても、1つの市区町村の窓口でまとめて請求できることになります。

　これにより各種手続きに必要な書類の入手にかかる手間や時間の負担が大きく軽減されます。

　ただし以下の点に注意が必要です。

●……広域交付制度を利用する際の主な注意点……●

- ☑ 請求の対象となる書類は、戸籍の全部事項証明書（戸籍謄本）、除籍の全部事項証明書（除籍謄本）など。一部事項証明書（戸籍抄本）などは請求不可（その場合はこれまで通り本籍地の市区町村に請求する）。
- ☑ 受付は各市区町村の窓口のみ。郵送には対応していない。
- ☑ 請求できるのは本人（故人）のほかは、同じ戸籍に記載されている配偶者や子、孫、父母などに限る。兄弟姉妹の戸籍謄本は請求不可。また代理人などによる請求も不可（その場合はこれまで通り本籍地の市区町村に請求する）。したがって相続の際には相続人本人が窓口へ行き請求する必要がある。
- ☑ 請求する際には、顔写真付きの本人確認書類（運転免許証、マイナンバーカードなど）が必要。

※詳細は各市区町村の担当窓口で確認する

こういうときの手続きは?

戸籍謄本の束がいくつも必要なとき

　戸籍謄本など戸籍関係の書類は、同時にいろいろな種類の提出が求められるので、かなり厚い束になります。

　しかも、相続税の申告や、各種の名義変更でも必要になるので、いくつも用意したり、1つの返却を待って別のところに出し直したりするなど、費用と手間が大変です。

「法定相続情報証明制度」の利用を考えましょう

　そこで、戸籍謄本等の束の代わりになる書類を、登記所で交付してもらえる制度があります。「法定相続情報証明制度」といい、「法定相続情報一覧図」という書類を作成して登記所に申し出ると、その写しに認証の文言を付けて交付してくれるというものです。この法定相続情報一覧図の写しが、戸籍謄本などの書類の束の代わりになる場合があります。

　法定相続情報一覧図が利用できるケースとして、たとえば不動産の所有権移転登記、自動車の移転登録、預貯金の名義変更や解約、株式の名義変更や解約、投資信託の名義変更や解約、相続税の申告などがあります。

　交付は無料ですが、民間の金融機関などでは利用できない場合もあるので、事前に問い合わせて確認してから利用しましょう。

　登記所への申し出に、必ず用意する書類は下表のとおりです。場合によっては、相続人の住民票の写しなどが必要になることもあります。

●……法定相続情報一覧図の申出を請求するとき……●

申出書	法定相続情報一覧図の保管及び交付の申出書
必要なもの	故人の戸除籍謄本・住民票の除票の写し、相続人の戸籍謄抄本、申出人の本人確認書類

第2章　少し落ち着いたら最初に確認したいこと

住民票・印鑑証明書について確認しましょう

少し落ち着いたら

　住所地の確認のためには住民票、実印の確認には「印鑑登録証明書」も必要です。

　よく「住民票」という言い方をしますが、住民票の原本は請求できないので、正確には「住民票の写し」といいます。住民基本台帳がある市区町村役場が発行する、住所関係の証明書です。

　引っ越しや死亡などによって、住民票に誰も残っていない場合は「住民票の除票の写し」を求められることがあります。ただし、保存されている期間は5年間だけです。住所変更の履歴をすべて確認したいケースでは「戸籍の附票の写し」が求められます。

●……よく提出を求められる住所関係の書類……●

住民票の写し	住所関係の証明書
住民票の除票の写し	死亡や転出で除かれた、または全員が除かれた場合に5年間保存される住民票の写し
戸籍の附票の写し	戸籍がつくられた時点からの同一本籍内での住所履歴を記載したもので本籍地の市区町村で交付される

　「印鑑登録証明書」は、相続の書類などに押した印鑑が実印であることを証明する証明書です。

登録している市区町村の役場で手続き

　住民票の写しも印鑑登録証明書も、住民登録をしている市区町村役場で交付を受けます。そもそも印鑑登録は、住民登録をしている市区町村でしかできないものです（→P50）。

●……「住民票の写し等請求書」の記入の仕方（横浜市の例）……●

住民票の写し等請求書
Request for Copies, etc., of the Residence Record (Juminhyo)

（請求先）横浜市　**青葉**　区長　　　　　　　　　　　令和 **6** 年 **9** 月 **14** 日

①どなたの証明が必要ですか（除票を請求する場合は、必要な住所・氏名を記入してください）

| 住所 Address | **青葉** 区　**青葉台○丁目○番地** | 電話番号 TEL | （○○○－○○○○－○○○○） |
| 氏名 Name | フリガナ（**シンセイ　タロウ**）
新星　太郎 | 生年月日 Date of Birth | 大・**昭**・平・令／西暦（外国籍の方）
10 年/Y **10** 月/M **10** 日/D |

②どの証明が必要ですか（手数料はすべて1通300円です）

	世帯全員	**1** 通
住民票　□消除者を含む	世帯の一部	通
除票	全員・一部	通
住民票記載事項証明書	全員・一部	通
除票記載事項証明書	全員・一部	通

> 請求する証明の通数を記入します

③本籍・続柄・外国人記載事項等について（原則は省略です。必要な場合は☑をしてください）
□本籍　□世帯主の氏名及び続柄　（外国人記載事項）□国籍　□在留カード番号等　□在留資格等

④マイナンバー・住民票コードについて（本人・同一世帯員に限る。原則は省略です。必要な場合は☑をしてください）
□マイナンバー　□住民票コード
└利用目的・提出先　□勤務先　□官公署　□金融機関　□保険会社　□相続手続　□番号確認　□その他（　　　　）

⑤窓口に来た方はどなたですか（以下に☑をしてください）※本人確認資料の提示をお願いします。
□本人　□同一世帯員（氏名：　　　　　生年月日：　　年/Y　月/M　日/D）
□本人・同一世帯員から頼まれた方　⇒　⑥をご記入ください　※委任状が必要です（別紙・裏面）
□その他の方・法人　⇒　⑥〜⑧を記入してください（⑦は法人のみ）

⑥窓口に来た方（本人、同一世帯員が現在の住民票を請求する場合は記入不要）

| 住所 Address | **東京都台東区台東○－○－○** | | |
| 氏名 Name | **新星　一郎** | 電話番号 TEL | ○○○－○○○○－○○○○ |

> 本人と、同一世帯員以外は委任状が必要です

⑦法人の情報
所在地／法人名／代表者名／電話番号　　　　　　　　　　　　　　　　法人印

⑧利用の目的　　　　　　　　　　　　　　　　　　　　　　　　　　　　　　　　　　　　　的に記入し、その内容が確認できる資料をご提示ください。

□疎明資料

受付／出力

★基本的人権又はプライバシーの侵害につながるおそれのある場合は交付できません。
★第三者請求で住民票を交付する場合は、原則として本籍・続柄・外国人記載事項を省略します。
★偽りその他不正の手段により交付を受けたときは30万円以下の罰金に処せられます。
★公的年金の請求の場合等は手数料が免除となる場合があります。窓口にお問合せください。
★マイナンバーが記載された証明は、郵送となる場合があります。

本人確認欄
①□運転免許証　□旅券　□在留カード等　□個人番号カード　□障害者手帳　□その他
②□健康保険証　□年金手帳　□介護保険証　□後期高齢者医療証　□その他
③□学生証　□法人発行身分証明書　□その他
聴聞（　　　　）

※書式や記入内容は市区町村によって変わります

入手先・提出先	住民登録をしている市区町村役場の窓口
手続きできる人	住民登録をしている本人、同一世帯員（第三者の場合は請求理由とそれを確認する資料が必要）
必要なもの	本人確認書類 代理人の場合は委任状と、代理人の本人確認書類

第2章　少し落ち着いたら最初に確認したいこと

● ……「印鑑登録証明書交付申請書」の記入の仕方（東京都港区の例）……●

印鑑登録証明書交付申請書
Application for issuance of Certificate of Seal Impression

（宛先）港区長
To the Mayor of Minato City

下記のとおり申請します。
I would like to apply as stated below.

1　どなたの印鑑登録証明書が必要ですか。
　　Whose Certificate of Seal Impression do you need?

申請日	2024 年 9 月 14 日	※印鑑登録証の提示がないときは、交付できません。
	Year　Month　Day	We can't issue the certificate if you don't present a registered card.

印鑑登録番号 Seal Registration Card Number	1234567
住所 Address	港区　南青山○丁目−○−○
フリガナ	シンセイ　イチロウ
氏名 Name	新星　一郎
生年月日 Date of birth	明治 (昭和) 西暦　38 年 2 月 2 日 大正　平成　　　　　Year　Month　Day
電話番号 Tel. No.	○○○−○○○○−○○○○
必要通数 Number of copies you need	1 通 (Copies)

必ず印鑑登録証の提示が必要です

印鑑登録証の登録番号を記入します

2　窓口に来られた方はどなたですか。
　　Person bringing this form to the counter

☑ 本人 Registered Person		
□ 代理人 Proxy	住所 Address	
	フリガナ	
	氏名 Name	
	電話番号 Tel. No.	

●区記入欄
(Official use only)

受付	停止	内容確認
	有　無	
発行	再停止	会計

証明番号

～

通数	手数料
	円

審査

※書式や記入内容は市区町村によって変わります

入手先・提出先	印鑑登録をしている市区町村役場の窓口
請求できる人	印鑑登録をしている人（本人）、代理人
必要なもの	印鑑登録証（カード）　（➡P50）

こういうときの手続きは？

「死亡届記載事項証明書」が必要なとき

　戸籍謄本、住民票の写しとともに「死亡届記載事項証明書」が必要になることがあります。

　たとえば遺族年金の請求（→P96、P100）では、戸籍謄本、世帯全員の住民票の写しとともに、死亡診断書の提出が求められます。その際、死亡診断書のコピーがない場合は「死亡届記載事項証明書」が必要です。申請は、死亡届を提出してから約1ヵ月の間は死亡届を提出した役場で、それ以降は本籍地を管轄する法務局で行います。

　なお、死亡届の記載事項証明書の請求は、公的年金の遺族年金の請求など「特別な事由」がある場合に限られます。

●……死亡届記載事項証明書を請求するとき（横浜市の例）……●

申請先	届け出を提出した市区町村役場の窓口（約1カ月以内） 本籍地を管轄する法務局（それ以後）
請求できる人	利害関係がある人で、かつ、特別な理由がある人（6親等内の血族、配偶者、3親等以内の姻族）
必要なもの	本人確認書類

こういうケースでは？

提出する証明書類の数が、ぼう大になりそうなとき

　死亡届記載事項証明書をはじめ、すべての証明書類の取得には手間と手数料がかかります。

　コピーで済むものは**コピーの利用**を、原本の返却が受けられるものは**使い回し**も考えましょう。

第2章　少し落ち着いたら最初に確認したいこと

こういうときの手続きは？

手続きをする人が印鑑登録をしていないとき

　大切な契約を結ぶときには、契約書に「実印」を押さなければなりません。実印とは、その印影を役所に登録した印鑑のことです。契約書に押した印鑑が実印であることを証明するためのものが「印鑑登録証明書」です。

　相続などは重要なものですから、その手続きの際、実印と印鑑登録証明書のセットが必要になります。

　しかし、手続きをする人が年齢の若い人などの場合、印鑑登録をしていないケースがあるかもしれません。申請自体は簡単なので、この機会にしておきましょう。

市区町村役場で印鑑登録をしましょう

　登録する印鑑は偽造などを防ぐため、一般的に市販されていない、フルネームのものが適するといわれています。登録が認められていない印鑑については、申請する市区町村のホームページなどで確認しましょう。

　申請の方法は、一般に下図の3つがあります。印鑑登録が受理されると「印鑑登録証（カード型）」が交付され、印鑑登録証明書（●前項）を申請するときはこのカードを提示します。

●……印鑑登録を申請する方法……●

本人が本人確認書類を持参して窓口で
同じ市区町村で印鑑登録をしている人を保証人にして窓口で
申請書を提出後、郵送される書類を窓口に持参して

印鑑登録証

●……「印鑑登録申請書」の記入の仕方（東久留米市の例）……●

第2章 少し落ち着いたら最初に確認したいこと

様式第1号（第2条関係）

印鑑登録申請書

東久留米市長 殿

＊太枠の中だけ記入・押印してください。

申請年月日 令和6年 9月14日

登録印影
印
※上記枠内に収まるもの ただし一辺の長さが8mm以上のもの。

印鑑登録申請者
住所：東久留米市 本町○丁目 ○番 ○号
（建物名：　　　　　　　号室）
TEL ○○○-○○○○-○○○○
フリガナ：シンセイ　アケミ
氏名：新星　明美
（通称・旧氏・カタカナ併記名等）
生年月日：明治・大正・昭和・平成・西暦　40年 1月 1日

↓下記は申請者本人以外が代理で印鑑登録を行う場合ご記入ください。本人による手続きの場合、記入不要
※登録印の押印がある委任状原本の持参が必須です。

代理人
住所
氏名
生年月日　明治・大正・昭和・平成・西暦　年　月　日

← 代理人が申請することもできます

↓下記は保証人登録を行う場合、保証人が記入押印してください。印影は鮮明に押印してください。
また、保証人が市外在住の場合は保証人の印鑑登録証明書の提出が必要です。詳細は裏面にてご確認ください。

保証書
上記申請者は、登録本人であることを保証します。

保証人
住所：東京都　　　　　丁目　番　号
氏名
生年月日　明・大・昭・平・西暦　年　月　日

印鑑登録番号
保証人印（登録印）

↑ 本人確認書類に代えて保証人の署名捺印でも申請できます

本人・代理人確認
- 運転免許証 □
- 旅券 □
- 個人番号カード □
- 住民基本台帳カードB（写真有）□
- 在留カード □
- その他（□健康保険証 ）□

記号・番号　第　　　　号
発行者
登録証番号

回答期限　　年　月　日
登録年月日　年　月　日

印影住民票照合	照会書発行	保証印照合	審査	入力	受領者署名
					年　月　日

※書式や記入内容は市区町村によって変わります

入手先・提出先	住民登録をしている市区町村役場の窓口
請求できる人	15歳以上で市区町村に住民登録をしている人、代理人（保証人を兼ねることは不可）
必要なもの	登録する印鑑、本人確認書類（または申請書に保証人の署名捺印）代理人の場合は、委任状、代理人の印鑑、代理人の本人確認書類

すべての人　　少し落ち着いたら

何が相続の対象になるか確認しましょう

　人が亡くなられた後の手続きで、大きな比重を占めるのが、相続に関わる手続きです。故人が残された財産の相続、名義変更、相続税の申告・納付など、場合によっては期限ギリギリの10カ月の期間に渡って手続きを進めなければなりません。

　相続をするときは**プラスの財産もマイナスの財産も、すべてを引き継ぎます**。まず、何が相続の対象になるのか確認しておきましょう。

金額を見積もれるものは、ほとんど相続財産

　財産と聞くと、家や土地、宝石や貴金属など、形があるものがまず思い浮かびますが、金額に換算できるものはほとんどすべて、相続する財産になると考えたほうがよいのです。

●……相続の対象になる財産……●

現金・預貯金・株式などの有価証券・投資信託・貸付金・特許権・著作権・宝石・貴金属・書画骨董・家具・ゴルフ場会員権・借地権・自動車・家屋・土地　など

※相続税の計算上は、生命保険金なども計算の対象になります

たとえば土地を借りている場合の借地権や、著作権といった権利も相続の対象ですし、人にお金を貸している場合の貸付金など、債権も相続財産です。ただし、香典は相続財産から除かれます。

それらがあることによって、相続人の間で相続財産の分け方が変わってくることもありますし、相続税の額にも影響があります。注意しておきましょう。

借金や故人が引き受けた保証も相続の対象

気をつけなければならないのはマイナスの財産、つまり故人が残した**借金**なども相続の対象だということです。プラスの財産だけ、相続するようなことはできません。

借金だけでなく保証債務、すなわち故人が生前に引き受けた**保証人の義務**なども、法律上は引き継ぐ義務があります。

プラスの財産もマイナスの財産もひっくるめて、相続を放棄することはできますが、そのためには相続の開始があったことを知ったときから3カ月以内に家庭裁判所に申し出る手続き（相続放棄）が必要です（●P124）。

こういうこともあるので、相続財産の確認にはできるだけ早く手をつけたほうがよいのです。

誰が相続人になるのか確認しましょう

　誰と誰が財産を相続することになるのか、これも重要な問題です。法律上、財産の相続人になれる人には範囲と順位が決まっています。ご自分たちのケースでは誰が相続人となるのか、確認しておきましょう。

　相続の手続きの上では、亡くなられた方を「**被相続人**」、財産を相続をする人を「**相続人**」といいます。

　法律上、相続人になれる人は配偶者、子、父母、兄弟姉妹です。ただし、相続人がすでに死亡していた場合は、その子などが代わって相続人になれる場合があります。これを「**代襲相続**」といいます（配偶者、父母は代襲相続とは関係なし）。

相続人の順位は決まっている

　夫や妻といった配偶者は特別な立場で、どんな場合でも相続人です。

　しかしそれ以外の親族には、第1順位から第3順位まで順位が決まっています。**上位の順位の人がいると、それ以下の順位の人たちは相続人になれない**決まりです。たとえば子（第1順位）がいると、父母（第2順位）や兄弟姉妹（第3順位）は相続人になれません。

こういうケースでは？

相続人になれる人、なれない人

　養子やお腹の中にいる胎児は相続人になれます。一方、愛人の子というケースでは、認知されていなければ相続人になれません。

　内縁の妻や夫、再婚相手の連れ子、息子の嫁なども、養子縁組などがない限り相続人になれない立場です。一方で、離婚して妻が子どもを引き取ったという場合でも、その子は相続人になります。

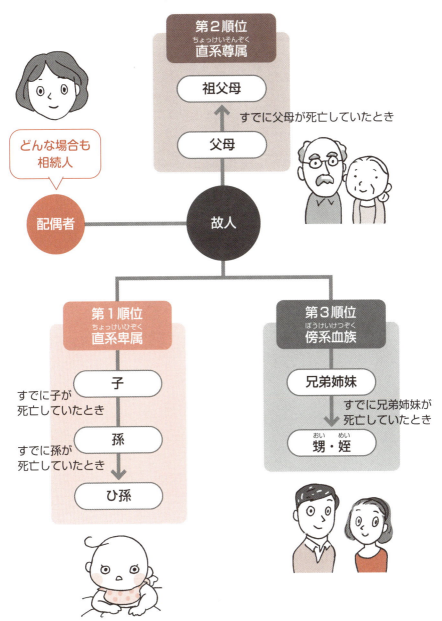

すべての人　　少し落ち着いたら

遺言の効力について知っておきましょう

　亡くなられた方が遺言(ゆいごん)を残していると、原則としてその内容が最優先されます。

　遺言では、財産の分け方を指定したり、相続人以外の人に財産を贈る（「遺贈(いぞう)」という）ことができ、それに従って相続の手続きを進めるのが原則です。

　遺言の有無で、後の手続きが変わってくるので、その確認は早めに進めましょう（→P108）。

こういうケースでは？

有効な遺言、無効な遺言

　法律上は「遺言」（「いごん」または「ゆいごん」と読む）と呼びますが、家族を前に口頭で話した内容などは法律上、無効です。決められた方法で、書面にした遺言だけが有効となります。

　遺言者が自宅で、ひとりパソコンで作成したものや、テープに吹き込んだものなども無効です。

有効な遺言は3種類

　通常、法律的に有効な方法でつくられた遺言は右図の3種類があります。種類によって、遺言の探し方（→P108）も、遺言を見つけた後の手続き（→P110）も、違ってくるので覚えておきましょう。

　「自筆証書遺言(じひつしょうしょゆいごん)」は、一般的に思い浮かぶ「遺言書」ですが、有効と認められる条件も厳しくなっています。文中に訂正や削除があった場合も、厳密な手続きに従ってされていないと無効です。

自筆証書遺言を発見した場合は、その場で開封したりせず、そのまま家庭裁判所の「検認」手続きを受けます（→P110）。

なお、2020年7月から「自筆証書遺言の保管制度」が新たにスタートし、自筆証書遺言を法務局で保管してもらえるようになりました。

「公正証書遺言」は、最も確実な遺言です。「公正証書」とは、法務大臣によって任命された「公証人」という法律の専門家によってチェックされた文書のことです。公証人は「公証役場」という役所にいます。

「秘密証書遺言」は、遺言の内容を明かさずに、遺言の存在を明らかにするもので、文中の訂正・削除方法や、裁判所が検認するときの手続きなどは、自筆証書遺言と同じです。

第2章 少し落ち着いたら最初に確認したいこと

●……主な遺言の種類……●

自筆証書遺言	遺言者が遺言の全文と、日付（年月日）、氏名を自筆で書き、押印した遺言です。財産目録はパソコンによる作成や、通帳のコピー添付ができます。2020年から法務局の遺言書保管所に保管できる制度が始まっています。
公正証書遺言	遺言者が公証役場で、証人2人の立会いのもと口述し、公証人が筆記した遺言です。公証人が病院や自宅に出張して作成したものも有効とされます。原本は公証役場で保管され、法律上、最も確実な遺言です。
秘密証書遺言	遺言者は遺言書に署名捺印した後、同じ印で封印し、公証人の前で住所氏名を記します。公証人は、日付と遺言者が述べた内容を記録するという遺言です。パソコンで作成したものや、代筆されたものも有効とされます。

すべての人　　　少し落ち着いたら

相続税がかかるか概算してみましょう

　相続税も、かなり早い段階から考えておきたい事項です。

　相続税の申告期限は、相続が開始されてから10カ月以内となっていますが、遺産分割（→P128）などの手続きがすべて済まないと、申告の手続きにも入れません。

　さらに、相続税の納税期限は、申告期限と同じです。納税額にもよりますが、相続税がかかる場合は納税資金の準備も必要になります。

「基礎控除額」以下なら申告は不要

　相続税には「**基礎控除額**」というものがあります。

　基礎控除額を算出する方法は、右ページの図のようなものです。

　「**法定相続人の数**」とは、54ページで説明した相続人の優先順位などによって決まります。たとえば配偶者と子2人が相続人なら、法定相続人の数は3人です。子3人だけでも3人となります。「法定」なので、実際に相続した人の数を加えるなどして増やすことはできません。

こういうケースでは？

相続財産の評価額が基礎控除額を下回ったとき

　相続する財産の評価額の合計から算出した課税価格が、基礎控除額以下なら相続税はかからず、**申告の手続きも必要ありません。**

　相続財産の合計をザッと概算してみて、絶対に基礎控除額を超えないと確信できれば、相続税の申告や納税の手続きについては忘れていいことになります。

相続財産に土地が含まれるとき

相続財産の合計が、基礎控除額を超えるかどうか微妙なときは、もっと厳密に評価額を計算する必要があるでしょう（→P120、P122）。

ただし、**相続財産に土地が含まれる場合は要注意**です。土地の評価額は思った以上に高額になることも多く、法定相続人が3人の場合の基礎控除額である4800万円を、都心部では軽く超えることが珍しくありません。

土地が含まれる場合は、厳密な評価額の算定は無理としても、路線価図（→P170）なども調べ、少し詳しい概算をしてみる必要があるでしょう。

また、相続税の計算には「みなし相続財産」（→P179）というものもあるので、生命保険金などがある場合も要注意となります。

●……相続税の基礎控除額の計算方法……●

3000万円＋（600万円 × 法定相続人の数）＝ **基礎控除額**

これ以下なら相続税はかからず、申告も不要です

計算例　法定相続人が3人

3000万円＋（600万円×3人）
　　　　　　　　＝4800万円

※相続税の計算では、法定相続人の数に含める養子の数は、実子がいる場合1人まで、いない場合は2人までに制限されます

> こういうときの
> **手続きは?**

手続きをプロに依頼したい

　手続きを進めていくと、特殊な事情が判明したり、相続人の間で意見が食い違ったりして、どうしていいかわかならなくなるケースが出てくるかもしれません。

　そのようなときは、その道のプロに手続きやアドバイスを依頼することを検討してみましょう。

手続きによって専門家は異なる

　依頼する内容によって、下の一覧のような専門家がいます。つてがないときは、それぞれの地方に「税理士会」「司法書士会」などがあって、適切な専門家を紹介してもらうこともできます。

　そのつど、個別の専門家に依頼することもできますが、まず税理士に相談してみてはいかがでしょうか。

　諸手続きの中で、最ももめごとが起こりやすいのは遺産分割ですし、最も複雑なのは相続税の申告です。これらは税理士の守備範囲になります。

　また、**専門家は横のつながりも持っている**ので、税理士から別の専門家を紹介してもらうこともできます。

●……それぞれの専門家の得意分野……●

●遺産分割の案をつくってもらいたい ●相続税の申告をしてもらいたい	税理士
●不動産などの相続手続きを依頼したい	司法書士
●遺族年金などの相談に乗ってもらいたい	社会保険労務士
●相続人の間のもめごとを解決したい	弁護士

第3章

できれば早く しておきたい手続き

急ぐ手続きを済ませたら、 3～4カ月くらいをめどに進めましょう

できれば早くしておきたい手続きのポイント

★今後必要になる健康保険と年金の手続きを確認して、先に手続きを進めるものを決めましょう。

★電気・ガス・水道その他の契約変更、運転免許証の返納（へんのう）や、クレジットカードの解約手続きなどを進めましょう。

★遺言（ゆいごん）・相続人（そうぞくにん）・相続財産の具体的な確認を始めましょう。

> まず
> ここを
> 確認

落ち着いたら早めに済ませたい手続きは？

　落ち着いて手続きを進められる時期になったら、今後の手続きをザッと見渡してみましょう。

　お金の受給や支払いに関わる手続き、先に期限がくる手続きから、順に手をつけていくようにしたいものです。

今後受けられる給付と、支払いが続く料金を確認しましょう

　故人が加入していた健康保険や年金の制度で、今後、受けられる給付を確認しておきます（→P64）。

　一方、手続きをするまで料金がかかり続けるのが、公共料金や、亡くなられた方が加入していた有料サービスです。それぞれ、支払方法の変更や解約を進めます（→P66、P70）。

遺言・相続人・相続財産の確認に着手しましょう

　遺言の有無、相続人の続柄と人数、相続財産の種類と額などは、今後の手続きに大きく影響します。

　できるだけ早く、確認の手続きを始めたいものです（→P72）。

こういうケースでは？

亡くなられた方に借金などの負債があったとき
　期限3カ月以内の「相続放棄」の手続きが必要か、早めに確認しましょう（→P72）。

亡くなられた方がその年に所得があったとき
　期限4カ月以内の「準確定申告」が必要か、要確認です（→P72）。

3〜4カ月をめどに進めること

健康保険と年金の手続きを確認 ➡ P64

必要に応じて
> 葬祭費・高額療養費の支給申請、年金の受給停止、未支給年金の請求、遺族給付の裁定請求など

支払方法の変更・解約・返納など ➡ P66、P70

> 電気・ガス・水道、携帯電話、インターネット、運転免許証、カード、その他サブスクなど

遺言・相続人・相続財産の確認
➡ P72

必要に応じて
相続放棄などの申立て　(3カ月以内)
➡ P124

必要に応じて
故人の所得税の申告（準確定申告）　(4カ月以内)
➡ P74

期限に間に合うように準備しましょう

できれば早く

健康保険と年金の手続きを確認しましょう

　健康保険と年金についての手続きをチェックして、先に手続きを進めるものを決めます。

　健康保険と年金の手続きは、健康保険の資格喪失届（→P30）などを除いて一般に**期限がないか、あってもだいぶ先**です。

　しかし、いずれもお金が関係しているので、早く進めるにこしたことはありません。とくに、支給を受けるのが自分以外の人のときは、その人のためにも優先的に進めましょう。

健康保険からは葬祭費や療養費が支給される

　亡くなられた方が国民健康保険や後期高齢者医療に加入していたときは、葬祭費（→P84）の支給が受けられます。

　医療費が高額だったときは、高額療養費の支給が受けられる場合もありますが、これは確認が必要です（→P86）。

こういうケースでは？
亡くなられた方が会社の健康保険だったとき
　会社の健康保険にもほぼ同様の「埋葬料」「高額療養費」の制度があります。会社勤めだった人は、退職の手続きなどをする際に、会社の担当の人に相談してみましょう。

残された家族には年金や一時金も

故人が年金を受給していた場合、亡くなられた後の分の年金が振り込まれてしまうと返還しなければなりません。早めに受給停止されたことを確認する必要があります（→P94）。

そのほか、残された方が下のリストのような給付を受けられる場合があるので、それぞれ確認してみましょう。

下のリストで確認して、まだ済んでいない手続きの中から優先的に進めるものを決めてください。残りは、相続などの手続きを進めながら、少しずつ済ませていけばよいでしょう。

●……ここで確認しておきたい健康保険と年金の手続き……●

- ☑ 健康保険の **資格喪失届** を提出しましたか？　→P30
- ☐ 健康保険の **葬祭費** を申請しましたか？　→P84
- ☐ 健康保険の **高額療養費** を確認しましたか？　→P86
- ☐ 年金の **未支給** を請求しましたか？　→P92
- ☐ 年金の **受給停止** 手続きは必要ですか？　→P94
- ☐ 年金の **遺族年金** を確認しましたか？　→P96
- ☐ 年金の **寡婦年金**（かふねんきん） を確認しましたか？　→P99
- ☐ 年金の **死亡一時金** を確認しましたか？　→P102

第3章 できれば早くしておきたい手続き

できれば早く

電気・ガスなどの支払方法を変更しましょう

　公共料金などの手続きを忘れていると、本来は払わなくてもよいお金を払うことにもなるので注意が必要です。

　電気、ガス、水道など、亡くなられた方が契約者だった場合は、**契約者を変更**する手続きが必要になります。

　そのまま変更しないで使い続けても、すぐに支障はありませんが、気をつけたいのは料金の支払いです。

　料金の支払口座などの変更は、早めに手続きをしておきましょう。「使用量のお知らせ」などに記載されている連絡先で、手続きのしかたを教えてくれるはずです。

　通常、契約者と支払口座の名義が違っても、受け付けてもらえます。

住む人がいないときは使用停止に

　故人の家に当面、住む人がいない状態になるときは、支払方法の変更でなく、**「使用停止」の手続き**をするほうがよいでしょう。

　料金の問題もさることながら、住む人のいない家に電気やガスが通っているのも危険です。仮に将来、誰かが住むことになっても、設備を残してあれば、使用の再開は比較的、簡単にできます。

こういうケースでは？

支払口座の変更手続きなどを忘れていると

　口座引落しや、カード払いになっている場合、亡くなられた方の銀行口座などが凍結（とうけつ）されると、料金未払いの状態になります。

　さらに放っておくと使用できなくなりますが、その間、**使わなくても基本料金などがかかり**、後で請求されるので要注意です。

携帯電話やケーブルテレビも要確認

亡くなられた方が、携帯電話やスマホを使っていたかどうかも確認しましょう。使っていた場合、そのままにしておくと公共料金と同様、**解約するまで基本料金などを請求されます。**

通常、解約に必要なのは携帯電話（SIM カード）と、亡くなった事実を確認できる書類です。確認書類は、たとえばNTT ドコモの場合、葬儀の案内状などでもよいとされています。

そのほか、テレビをどの方法で見ていたかも確認が必要です。有料のケーブルテレビで見ていたときは、支払方法の変更や解約が必要になるので、手続きをしましょう。

●……支払方法の変更や解約の手続きが必要なもの……●

- ☐ 電気
- ☐ ガス
- ☐ 水道
- ☐ 固定電話
- ☐ ケーブルテレビ
- ☐ NHK 受信料
- ☐ インターネット（回線・プロバイダー）
- ☐ 携帯電話、スマホ
- ☐ その他サブスク料　など

第3章　できれば早くしておきたい手続き

忘れやすいサブスクの料金

　また近年、毎月定額を支払うことで得られる**サブスクリプションサービス**（サブスク）が一般的になりました。これらも解約しないと自動引落しされたり、未払いとなり、後で請求されたりします。郵便物やメール等で使用しているサブスクサービスを見つけ、手続きを行う必要があります。

●……人気のサブスクの例……●

- ☐ テレビ関連（ネットフリックス、アマゾンプライムビデオなど）
- ☐ 音楽関連（アップルミュージックなど）
- ☐ アマゾンプライム会員、ユーチューブ会員など
- ☐ 書籍・雑誌関連（dマガジンなど）
- ☐ スマホのアプリ（便利なツールなど）

　NHKの放送受信契約は通常、解約ができませんが、テレビを設置した住居に誰も住まなくなった場合や、テレビがすべてなくなった場合は解約ができます。

　解約の届け出をする前月まで、放送受信料が請求されますので、早めにNHKに連絡して手続きの方法を聞きましょう。

　放送受信の契約者の変更や支払口座の変更だけなら、インターネットなどからでも簡単に手続きができます。

　インターネットの利用料金は、回線とプロバイダーが1社の場合と、別々の場合があるものです。料金引落しの記録などを調べて、回線とプロバイダーが別々に引き落とされている場合は、両方とも口座の変更や解約の手続きをすることが必要になります。

こういうときの
手続きは?

亡くなられた方が借家や借地に住んでいたとき

　同じ契約でも、家となると話は別です。「借家権」「借地権」は相続の対象となる財産ですから、単に契約者を変更するだけでは済みません。

　といっても、相続人の誰かが住み続ける場合は、問題なく借家権や借地権が相続できます。この場合、名義人を変更する旨を通知する程度の手続きでよく、法律的には貸主の同意や名義書換料も不要とされています。

　住む人がいないときは、相続後に貸主と合意して解約することになるでしょう。ただし借地で契約に原状回復義務、つまり更地にして返す契約だったときは、その義務も引き継ぐことになります。

第3章　できれば早くしておきたい手続き

●……故人が住んでいた借家・借地の手続きは……●

故人が住んでいた家は今後

- 相続人が住み続ける → **相続**　貸主の同意や名義書換料は不要
- 誰も住まない
  - 故人が住んでいたのは
    - 借家 → **解約**　貸主と合意解約
    - 借地 → **解約**　原状回復義務も引き継ぐ

すべての人　　　できれば早く

運転免許証やカードを返却しましょう

　運転免許証やパスポートは、犯罪に悪用されることもある重要な身分証明書です。持ち主が亡くなったときは、きちんと処理しましょう。**警察署や、パスポートセンターに返納**するのが原則です。

運転免許証は警察署で返納する

　都道府県によりますが、一般的には運転免許証の返納は警察署などで手続きができます。故人の運転免許証と、亡くなったことを確認できる書類を持参しましょう。

　窓口で、返納届に記入する場合もあります。

●……**運転免許証返納届**（山梨県の例）……●

入手先・提出先	運転免許課、各警察署、警察署分庁舎など
手続きできる人	委任状なしで代理人による手続きもできる
必要なもの	故人の運転免許証、なるべく死亡日を確認できる書類のコピー

　パスポートは、パスポートセンターや市区町村の旅券窓口で、運転免許証の返納と同様の手続きをします。

> 📎 こういうケースでは？
>
> **亡くなられた方の思い出に残しておきたい**
> 　故人の顔写真が入った運転免許証やパスポート。思い出に残しておきたいときは、返納手続きの際にその旨を申し出ると、無効にする処理をした上で返却してもらえます。

故人のクレジットカードの処理は要注意

最近は、電気・ガス・水道などの公共料金から、税金、国民年金保険料までカード払いができるので、クレジットカードの処理も重要です。

クレジットカードは、預金口座などと違い、相続できません。公共料金などの支払方法を変更した上で（→前項）、解約をすることになります。

解約を忘れると、カードの年会費を請求されるケースがあります。

解約の手続きの仕方はカード会社によるので、問い合わせて教えてもらいましょう。

利用代金やキャッシングの残高が残っているときは、相続人が引き継いで支払う義務があります。相続税の計算をするときに、相続財産から控除できる「債務」の1つです（→P179）。

なお、前項で解説したサブスクの利用料は、クレジットカードで定期的に支払っているケースが少なくありません。クレジットカードを止めることでメール等に未払いの通知が届くこともあります。そこから利用していたサブスクをつきとめて解約しましょう。

●……クレジットカードの手続きは……●

カード本体	利用代金やキャッシング残高
➡ 解約　相続はできない	➡ 支払い　相続人に支払義務がある

すべての人　　　　　　　　　　　　　できるだけ早く

遺言・相続人・相続財産の確認を始めましょう

　後の手続きのためにも、遺言・相続人・相続財産の確認は早めにスタートしましょう。

　相続関係の手続きは、相続税の申告・納税の期限が10カ月以内となっているので、ここに間に合えば大丈夫です（→P186）。

　しかし、たとえば次項で説明する故人の確定申告（**準確定申告**）には、相続人全員の連署と、財産を分ける割合（相続分）などの記入が必要になります（→P77）。この準確定申告の期限は**4カ月以内**です。

　ほかにも、「**相続放棄**」をする場合の申立ては期限開始を知ったときから**3カ月以内**となっています（→P124）。それには、負債を含めて相続財産の額と、相続人がわからなければなりません（→P116、P120）。

相続税の申告期限に合わせる場合

　これらの手続きは、必要がないケースもあります。

　ですから、「手続きが不要」と確認できた場合は、遺言や相続人などの確認は、相続税の期限に合わせて進めることができます。

●……手続きが不要なケースとは……●

「準確定申告」の手続きが不要なケース

例
亡くなられた方の収入が、**400万円以下の公的年金**などだけだった

「相続放棄」の手続きが不要なケース

例
亡くなられた方に大きな負債はないという確認がとれていて、相続に問題がない

ケースによっては期限が早まることも

しかし、手続きが必要になる可能性があるときは、4カ月、3カ月の期限に間に合わせて確認を進めることが必要です。

それでなくても、遺言があるかないか、予想外の相続人がいないか、相続人の知らない相続財産はないのか、といった確認には時間がかかるものですから、早めにスタートしましょう。

●……遺言・相続人・相続財産の確認は早めに！……●

・遺言の有無　・相続人は誰か　・相続財産は何か　　早めに確認する！

故人に多額の借金（負債）があるなどの理由で、相続放棄をする場合

必要
- 相続放棄申述書
  ➡ P124

期限は3カ月以内＊

故人の所得税の申告（準確定申告）が必要な場合

必要
- （通常と同じ）所得税の確定申告書
- 相続人が複数いる場合は連署で確定申告書付表も提出
  ➡ P74

期限は4カ月以内＊

相続税の申告・納税をする

必要
- 相続税の申告書
- 相続人が複数いる場合は全員の連署
  ➡ P186

期限は10カ月以内＊

＊相続の開始があったことを知った日（通常は被相続人が亡くなった日）の翌日から起算

✓ 該当すれば　故人に一定の所得があったとき　4カ月以内に

故人の所得税の申告が必要か確認しましょう

　亡くなられた方に一定の所得があった場合は、故人に代わって所得税（と復興特別所得税）の申告をします。
　この手続きは「準確定申告」といい、相続人が2人以上いる場合は連署で「準確定申告書」を税務署に提出して、納税もします。
　1月1日から亡くなった日までの所得（収入）を申告しますが、年初に亡くなって前年の申告をしていない場合は、その申告も必要です。

所得が年金だけなら申告が不要の場合も

　ただし、たとえば公的年金などの収入が400万円以下で、他の所得も20万円以下の場合は申告が不要になります。
　反対に、公的年金を除く、所得の合計が48万円を超えているようなケースでは、申告が必要です。給与などを受け取っていたときは、事前に源泉徴収という形で、会社が所得税を納めてくれますが、納税額が足りないときは準確定申告によって、税金を計算し納税しなければなりません。
　申告が不要でも、申告すれば所得税の還付、つまり税金が戻ってくるケースがあります。たとえば、亡くなる前に多額の医療費を支払っているようなケースです。以下のようなことが故人に当てはまりそうな場合は、税務署や税理士などに確認しましょう。

●……準確定申告の対象となる可能性があるケース……●

☐ 所得が48万円を超えていた	☐ 公的年金が400万円超あった
☐ 個人事業を営んでいた	☐ 不動産収入があった
☐ 株などの投資をしていた	☐ 高額の医療費を支払った　など

●……所得税の「申告書」（準確定申告）の記入の仕方①……●

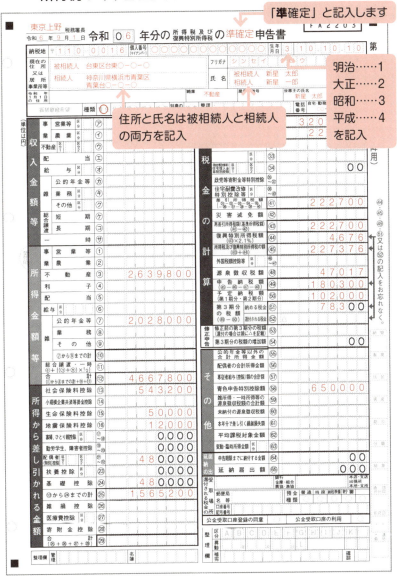

手続きできる人	相続人
必要なもの	相続人が複数いる場合は連署で「確定申告書付表」（➡P77）も提出

●……所得税の「申告書」(準確定申告)の記入の仕方②……●

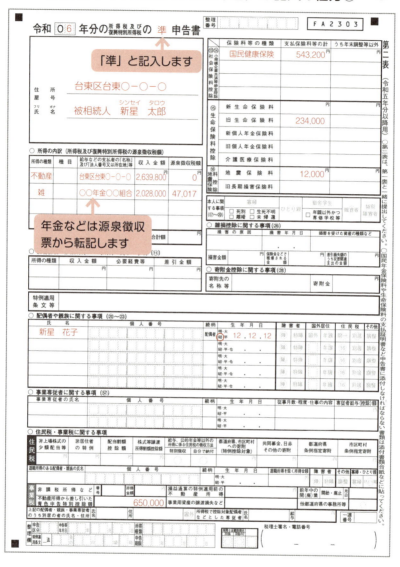

入手先・提出先	第一表(➡前ページ)とセットで入手・提出
手続きできる人	第一表(➡前ページ)と同じ
必要なもの	公的年金などの源泉徴収票(原本)や、社会保険料(国民年金保険料)控除証明書など、通常の確定申告で添付する書類

●……所得税の「確定申告書付表」(準確定申告) の記入の仕方……●

死亡した者の令和6年分の所得税及び復興特別所得税の確定申告書付表
(兼相続人の代表者指定届出書)

1 死亡した者の住所・氏名等
- 住所: 台東区台東○-○-○
- 氏名: 新星 太郎(シンセイ タロウ)
- 死亡年月日: 令和6年8月1日

2 死亡した者の納める税金又は還付される税金
- 第3期分の税額
- 還付される税金のときは頭部に△印を付けてください。
- 78,300 円 … A

→ 確定申告書第一表から転記します

3 相続人等の代表者の指定 — 代表者を指定されるときは、右にその代表者の氏名を書いてください。

4 限定承認の有無 — 相続人等が限定承認をしているときは、右の「限定承認」の文字を○で囲んでください。

5 相続人等に関する事項

	相続人1	相続人2	相続人3	相続人4
(1) 住所	台東区台東○-○-○	神奈川県横浜市青葉区青葉台○-○-○	神奈川県川崎市○○本町○-○-○	
(2) 氏名(署名)	新星 花子㊞	新星 一郎㊞	新星 由美子㊞	
(3) 個人番号				
(4) 職業及び被相続人との続柄	職業: なし / 続柄: 妻	職業: 会社員 / 続柄: 子	職業: 会社員 / 続柄: 子	
(5) 生年月日	昭 12年12月12日	昭 38年2月2日	昭 41年3月3日	
(6) 電話番号	○○○-○○○○-○○○○	○○○-○○○○-○○○○	○○○-○○○○-○○○○	
(7) 相続分 … B	法定 1/2	法定 1/4	法定 1/4	法定・指定
(8) 相続財産の価額	360,000,000 円	180,000,000 円	180,000,000 円	円

6 納める税金等
- 各人の納付税額 A×B (各人の100円未満の端数切捨て): 39,100円 / 19,500円 / 19,500円 / 00円
- 各人の還付金額 (各人の1円未満の端数切捨て)

→ 納める税金を相続分で按分した額を記入します

7 還付される税金の受取場所
- 銀行等の振込みを希望する場合の預金口座に
  - 銀行名等
  - 支店名等: 本店・支所/出張所 本所・支所/出張所 本所・支所
  - 預金の種類: 預金 / 預金 / 預金 / 預金
  - 口座番号
- ゆうちょ銀行の貯金口座に
  - 貯金口座の記号番号
- ゆうちょ銀行の各店舗等窓口受取り
  - 郵便局名等

(注)「5 相続人等に関する事項」以降については、相続を放棄した人は記入の必要はありません。

○この付表は、申告書と一緒に提出してください。※還付される税金の受取りを代表者等に委任する場合には委任状の提出が必要です。

入手先・提出先	申告書(→P75)と同じ
手続きできる人	相続人などが2人以上いる場合は、申告書と一緒に提出 相続人などが1人の場合は付表の提出を省略可能
必要なもの	申告書(→P75)

こういうときの**手続き**は?

実家に戻って同居したい、親を引き取りたい

ご両親のどちらかが亡くなられて、残された親と同居を考えるケースも多いと思います。

その際、注意したいのが住民票(じゅうみんひょう)上の「世帯(せたい)」の分け方です。

世帯の分け方でメリット・デメリットがある

国民健康保険料には、市区町村によって世帯ごとにかかる「平等割(びょうどうわり)」という負担があるため、世帯を1つにすると合計の保険料が安くなる場合があります。一方、65歳以上の方の介護保険料は、同一世帯の家族の所得で段階が変わることがあるので、一般に世帯を分けたほうが負担は軽くなるものです。

親が高齢の場合、ほかにも医療費や介護サービス費の面でメリット・デメリットが生じることがあります。

保険料は市区町村によって異なりますし、同居した後で、住民異動届（→P25）による「世帯分離(せたいぶんり)」「世帯合併(せたいがっぺい)」という手続きもできるので、一度調べて世帯の分け方を考えてみましょう。

●……世帯の分離・合併によって変わること……●

- ☐ 国民健康保険料の額
- ☐ 医療費の負担額
- ☐ 介護保険料の額
- ☐ 介護サービス費の負担額　など

第4章

健康保険と年金で必要な手続き

期限の余裕はありますが、順番に済ませていきましょう

健康保険と年金で必要な手続きのポイント

★健康保険の葬祭費（そうさいひ）や未支給の年金など、ほとんどの人が受けられる給付をもれなく申請しましょう。

★高額療養費（こうがくりょうようひ）、遺族年金（いぞくねんきん）、死亡一時金（しぼういちじきん）など、受給ができるか確認して、できるものは申請しましょう。

★亡くなられた方の健康保険の種類、年金の種類を詳しく確認しておきましょう。

まずここを確認

健康保険と年金で忘れてならない手続きは？

　右ページは、健康保険と年金で必要になる手続きの一覧です。

　この本の第1章（→P30）と第3章（→P64）を読まれた方の中には、すでにいくつかの手続きを終えている方がいるかもしれません。済ませた手続き、確認済みの手続きには、チェックを入れておきましょう。

受給できるもの、できないものを確認しましょう

　右ページの手続きのうち、色の付いていないものは、お金などを受け取るときに条件・要件があるものです。人とケースによって、受給できる場合、できない場合があります。

　それぞれのページで、できるだけわかりやすく要件を説明していますので、ご自分たちのケースではどうなるのか、確認してみましょう。

こういうケースでは？

請求の手続きを忘れたとき

　健康保険と年金で受けられる給付はすべて、こちらから申請や、請求の手続きをしないと受けられません。ただし、時効の期限内なら後からでも請求できるので、忘れていたものがないか、もう一度確認しましょう。

　健康保険と年金の手続きでは、時効の期限がけっこう長いので、じっくり確認して大丈夫です。

健康保険と年金の手続きと書類一覧

- [x] **健康保険資格喪失届**（けんこうほけんしかくそうしつとどけ）
  - ➡ P30 ➡ 健康保険証を返却する
  - 14日以内

- [ ] **葬祭費支給申請書**（そうさいひしきゅうしんせいしょ）
  - ➡ P84 ➡ 葬祭費の支給を受ける
  - 時効2年

- [ ] **高額療養費支給申請書**（こうがくりょうようひしきゅうしんせいしょ）
  - ➡ P86 ➡ 限度額以上の医療費の払戻しを受ける
  - 時効2年

- [ ] **未支給年金請求書**（みしきゅうねんきんせいきゅうしょ）
  - ➡ P92 ➡ 支給されていない年金の支給を受ける
  - 時効5年

- [ ] **年金受給権者死亡届**（ねんきんじゅきゅうけんしゃしぼうとどけ）（原則、死亡直後の提出不要）
  - ➡ P94 ➡ 年金の受給を停止する
  - 14日以内

- [ ] **国民年金遺族基礎年金裁定請求書**（こくみんねんきんいぞくきそねんきんさいていせいきゅうしょ）
  - ➡ P96 ➡ 遺族基礎年金の支給を受ける
  - 時効5年

- [ ] **国民年金寡婦年金裁定請求書**（こくみんねんきんかふねんきんさいていせいきゅうしょ）
  - ➡ P99 ➡ 寡婦年金の支給を受ける
  - 時効5年

- [ ] **厚生年金遺族給付裁定請求書**（こうせいねんきんいぞくきゅうふさいていせいきゅうしょ）
  - ➡ P100 ➡ 遺族厚生年金の支給を受ける
  - 時効5年

- [ ] **国民年金死亡一時金裁定請求書**（こくみんねんきんしぼういちじきんさいていせいきゅうしょ）
  - ➡ P102 ➡ 死亡一時金の支給を受ける
  - 時効2年

第4章 健康保険と年金で必要な手続き

すべての人　　できれば早く

亡くなられた方の健康保険を確認しましょう

　亡くなられた方が、どの健康保険に加入していたかで、手続きの書類や提出先が変わります。
　そこでまず、健康保険制度の基本を知っておきましょう。
　日本は「国民皆保険制度」なので、誰もが何かの保険に加入しています。

健康保険は全部で5種類

　健康保険は、大きく3つに分けられます。
　退職した人や自営業の人が加入する「国民健康保険」、会社員の人と公務員が加入する「職域保険」、それに75歳以上の人が加入する「後期高齢者医療制度」です。
　このうち職域保険には、大企業の会社員が入る「健保組合（健康保険組合）」、中小企業の会社員が入る「協会けんぽ」、公務員が入る「共済組合」の3つがあるので、健康保険は全部で5種類あることになります。
　亡くなられた方が、どの健康保険だったのか確認してください。
　国民健康保険は市区町村が、後期高齢者医療制度は市区町村が加入して都道府県ごとに設けられた「後期高齢者医療広域連合」というところが運営しています。ですので、手続きの窓口はどちらも各市区町村役場です。

こういうケースでは？

亡くなられた方が国民健康保険以外の健康保険だったとき
　職域保険では通常、会社などの担当者が手続きを代行してくれたり、手伝ってくれます。自分で手続きを始める前に、**まず担当者に相談してみる**とよいでしょう。

亡くなられた場合の給付内容には違いがある

　健保組合と共済組合を運営しているのは各組合です。協会けんぽは「全国健康保険協会」というところが運営していて、都道府県ごとに支部が設置されています。

　人が亡くなられた場合の給付や、高額な医療費などの給付については、どの健康保険でもほぼ同じ内容です。ただし、葬祭費の額などは市区町村によって異なります（→次項）。

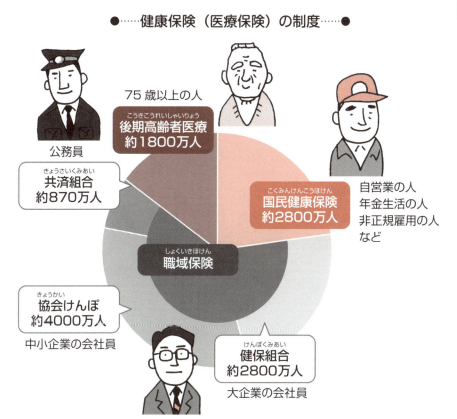

●……健康保険（医療保険）の制度……●

※『令和5年版厚生労働白書』より作成

✓ すべての人　　　時効の2年以内に

健康保険の葬祭費を申請しましょう

　どの健康保険でも、葬儀にかかった費用の一部を支給してくれます。
　「葬祭費」の申請ができるのは相続や続柄に関係なく、葬儀を行なった人です。葬儀を行なっていないときは当然、支給されません。
　ですから、申請の際、申請者が葬儀を行なったことを証明する書類が求められます。
　たとえば山口県広域連合の場合、葬儀を行なった人の氏名が記載された領収書や請求書のほか、会葬礼状などでもよいとされています。
　支給される金額は５万円となっているところが多いですが、国民健康保険や後期高齢者医療制度では各市区町村が条例や規約で定めているため、**２万円から７万円程度**の幅があります。

後期高齢者医療以外のケースでは？

　右ページにあげたのは後期高齢者医療制度の申請書の例ですが、他の健康保険でも同じような申請書を提出します。
　死亡の原因などを記入するケースもあるので、死亡診断書などのコピーも用意しておくとよいでしょう。

📎 こういうケースでは？

亡くなられた方が他の健康保険だったとき

　提出する書類は「国民健康保険葬祭費支給申請書」「健康保険被保険者（家族）埋葬料（費）支給申請書」などです。健保組合によっては、葬祭費にプラスして付加金などが支給されることがありますので、問い合わせてみましょう。

●……「葬祭費支給申請書」(後期高齢者医療) の記入の仕方……●
(山口県後期高齢者医療広域連合の例)

様式第1号 (第2条関係)

後期高齢者医療葬祭費支給申請書

受付日	年 月 日		決定日	年 月 日
保険者番号	3 9 3 5 2 0 3 4	被保険者番号	0 1 2 3 4 5 6 7	
	支給金額	¥ ○○○○○		

→ 保険証の番号を記入します

死亡者の氏名	新星　太郎
死亡者の生年月日	昭和10年 10月 10日
死亡年月日	令和6年 8月 31日
葬祭日	令和6年 9月 2日
葬祭執行人	☑ 申請者と同じ
住　所	
氏　名	
電話番号	

振込先	○○	銀　行 信用金庫 信用組合 協同組合 (　)	山口	本店 支店・支所 (　)	普通 当座 貯蓄
口座番号	1 2 3 4 5 6 7				
口座名義人	シンセイ　ハナコ				

上記のとおり、関係書類を添えて申請します。

　令和6年　9月　28日

山口県後期高齢者医療広域連合長　様

申請者 (葬祭執行人)	〒754-1102 住所 山口市秋穂西○番○号
	氏名 新星　花子　㊞　死亡者との続柄　妻
	電話番号 ○○○-○○○-○○○○

【委任状】
私は、後期高齢者医療葬祭費の受領の権限を次の代理人に委任します。

　　　年　　月　　日

委任者氏名　　　　　　　　　　　印
代理人氏名　　　　　　　　委任者との続柄
代理人住所

← 葬祭をとり行なった人と申請者が同じでない場合に記入します

備考

添付書類　葬祭執行人であることを証する書類の写し

※書式や記入内容は市区町村によって変わります

第4章　健康保険と年金で必要な手続き

入手先・提出先	故人が居住していた市区町村役場の窓口
手続きできる人	葬祭執行者
必要なもの	葬祭執行者であることを証明する書類の写し、葬祭執行者の印鑑、通帳など口座がわかるものなど

> ✓ 該当すれば　故人が多額の医療費を払ったとき　時効の2年以内に

高額療養費が支給されないか確認しましょう

　医療費が一定額を超えた場合に、その超えた分を支給してくれる制度があります。

　どの健康保険でも利用できる「**高額療養費制度**」というものです。病院や薬局で支払った額が、暦月（1日から末日まで）で限度額を超えると、超えた金額を支給してくれます。

亡くなられた後でも申請できる高額療養費

　この高額療養費は、本人が亡くなられた後でも、相続人による申請ができます。

　その場合、提出先によっては申立書などが必要なことがありますので、問い合わせてみましょう。

　限度額は、年齢（70歳以上か未満か）と、所得（収入）によって変わり、右ページの表のようになっています。

　亡くなられた方が、この**自己負担限度額を超える医療費**を支払っていたとき、超えた金額を受け取れるわけです。

　70歳以上、未満ともに、年収は一応の目安になっています。国民健康保険では年間所得で、職域保険では標準報酬月額というもので具体的な額が決まっているので、健康保険の種類に応じて確認してください。

　この制度で支給の対象となる医療費は、**保険が適用される診療**に対して支払った自己負担額です。食費、居住費、差額ベッド代、先進医療の費用などは、高額療養費の支給の対象になりません。

●……高額療養費の自己負担限度額（月額）70歳以上の人……●

適用区分		外来（個人ごと）	1カ月の自己負担上限額（世帯ごと）	多数回上限額
現役並み	年収約1160万円〜	25万2600円+（医療費−84万2000円）×1%		14万100円
	年収約770万円〜約1160万円	16万7400円+（医療費−55万8000円）×1%		9万3000円
	年収約370万円〜約770万円	8万100円+（医療費−26万7000円）×1%		4万4400円
一般	年収〜約370万円	1万8000円	5万7600円	
低所得者	Ⅱ住民税非課税世帯	8000円	2万4600円	
	Ⅰ住民税非課税世帯		1万5000円	

●……高額療養費の自己負担限度額（月額）70歳未満の人……●

所得区分	1カ月の自己負担上限額（世帯ごと）	多数回上限額
年収約1160万円〜	25万2600円+（医療費−84万2000円）×1%	14万100円
年収約770万円〜約1160万円	16万7400円+（医療費−55万8000円）×1%	9万3000円
年収約370万円〜約770万円	8万100円+（医療費−26万7000円）×1%	4万4400円
年収　〜約370万円	5万7600円	4万4400円
住民税非課税の人	3万5400円	2万4600円

※年収は目安
※70歳以上の「低所得者」とは住民税非課税の世帯。Ⅰは年金収入80万円以下など、Ⅱはそれ以外
※「多数回上限額」とは、過去12カ月以内に3回以上、上限額に達した世帯（多数回該当）の4回目からの上限額

● ……高額療養費の支給の対象…… ●

保険が適用される通常の医療費 ○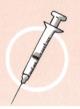

食費、居住費、差額ベッド代、先進医療の費用 ×

自己負担限度額がさらに下がるケースも

　本人の医療費だけでは限度額を超えなくても、同一世帯の人の医療費を合算できる「世帯合算(せたいがっさん)」、直近12カ月間に3回、高額療養費の支給を受けると、4回目からは限度額が下がる「多数回該当(たすうかいがいとう)」のしくみもあります。該当しそうなら調べてみましょう。

こういうケースでは？

亡くなられた方が70歳以上で高齢受給者証を持っていたとき

　70歳以上の人が「高齢受給者証(こうれいじゅきゅうしゃしょう)」を提示したときは、窓口での支払額が自動的に、限度額までにとどめられています。

　また高額療養費制度には、あらかじめ所得区分の認定証を発行してもらい、それを提示して窓口での支払いを限度額までにとどめられるしくみもあります。

　これらを利用していた場合は、あらためて高額療養費が支給されることはありません。

　ただし、マイナ保険証を利用している場合は、窓口で高齢受給者証や高額療養費の認定書を提示する必要はありません。

●……後期高齢者医療給付費の申請申立書の記入の仕方……●
(栃木県後期高齢者医療広域連合の例)

様式5−1

申 立・誓 約 書

令和○年 ○月 ○日

栃木県後期高齢者医療広域連合長　あて

申立者（相続人代表者）〒○○○−○○○○
住　所　宇都宮市本町○−○
フリガナ　シンセイ　ハナコ
氏　名　新星　花子
死亡した被保険者との続柄　妻
電話番号　○○○−○○○−○○○○

　私は、相続人代表として、下記被相続人（死亡した被保険者）死亡後における、被相続人に係る後期高齢者医療給付費（高齢者の医療の確保に関する法律第56条）の申請、請求及び受領を行うことを申し立てます。また、支給の際には下記の口座へ振込まれるよう依頼します。

　なお、他の相続人に対しましては、私（申立者）が責任を持って異議のないように処理し、栃木県後期高齢者医療広域連合に対して、一切迷惑をかけないことを申し添えます。

●被相続人（死亡した被保険者）

保険者番号	3	9	0	9	○	○	○	○
被保険者番号	0	1	2	3	4	5	6	7

住　所　宇都宮市本町○−○
氏　名　新星　一郎
死亡年月日　令和○年 ○月 ○日

← 亡くなられた方について記入します

●振込先

銀行 信金 信組 農協	○○	○○	本店 支店 出張所 支所	金融機関コード	○○○○△△△
				種　別	普通 当座 貯蓄
				口座番号	0 1 2 3 4 5 6
				口座名義人（カタカナ）	シンセイ　ハナコ

← 高額療養費の振込先口座を記入します

受付使用時欄	□ 本人確認（申請時）　確認書類〔　　　　　〕	担当者印

様式変更日 H0.4.1

※書式や記入内容は市区町村によって変わります

入手先・提出先	故人が居住していた市区町村役場の窓口
手続きできる人	相続人代表者
必要なもの	相続人代表者の申立・誓約書、本人確認書類、相続人代表者の通帳など

すべての人　　　できれば早く

亡くなられた方の年金を確認しましょう

　年金の種類や、受給していたか・いなかったかで、手続きの書類や提出先が変わります。そこで、年金の種類について確認しておきましょう。

　右ページの図のように、日本の20歳以上60歳未満の**すべての人は、まず「国民年金（基礎年金）」に加入**しています。

日本の年金制度は2階建て

　これに加えて、会社員や公務員が加入しているのが「2階部分」といわれている、「**厚生年金**」と「**共済年金**」です（共済年金は厚生年金に一元化されました）。

　「年金をもらう」というと、支給が開始される年齢になって「**老齢年金**」を受給することを指すことが多いですが、障害を負った場合には「**障害年金**」、そして、亡くなられたときには遺族に対して「**遺族年金**」の支給もあります。

　このとき厚生年金などの2階部分がある人は、それぞれの年金にその分も加えて受給できるわけです。

●……年金の種類と受給できる年金……●

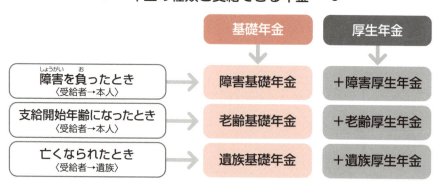

亡くなられた方が専業主婦（夫）だったときは

厚生年金などに加入している人は「第2号被保険者」と呼びます。国民年金（基礎年金）だけの人は「第1号被保険者」です。

このほか、第2号被保険者の扶養に入っている妻や夫は「第3号被保険者」とされます。

第3号被保険者は年金保険料を払っていないように見えますが、配偶者が加入している年金から拠出金として納付されています。

扶養＝第3号被保険者

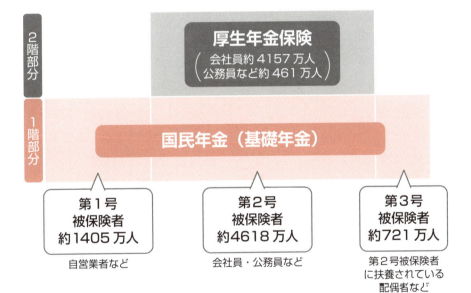

●……公的年金の制度……●

厚生労働省「年金制度基礎資料集」より作成（人数は2023年3月末時点）

該当すれば　　　時効の5年以内に

未支給の年金を請求しましょう

　亡くなられた方が受け取れなかった年金は、同居していた家族などが請求できます。年金は、偶数月の15日に、前2カ月分が振り込まれるしくみです。亡くなられた月の分まで、受け取ることができます。

　銀行は、遺族による相続手続きなど何らかの理由で口座名義人の死亡を知ると、その口座を凍結します。そのとき発生するのが、受給していた方の**年金の未支給**です。

生計を同じくしていた遺族がいるとき

　この未支給分は、**亡くなられた方と生計を同じくしていた遺族**が受け取ることができます。受け取れる順位は下図のとおりで、前の順位の人がいると後の順位の人は受け取れません。

　「生計を同じくしていた」とみなされる要件は、配偶者と子ども、それ以外も別に細かく定められています。よくわからないときは、提出する窓口に問い合わせてみましょう。

●……未支給年金を受け取れる順位と範囲……●

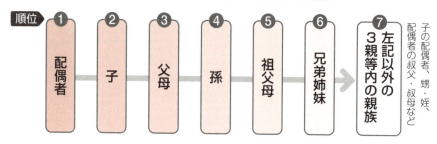

　右ページが未支給年金の請求書です。同じ順位の人が2人以上いる場合は、誰が請求しても、全員のために請求したものとみなされます。

●……「未支給年金・未払給付金請求書」の記入の仕方……●

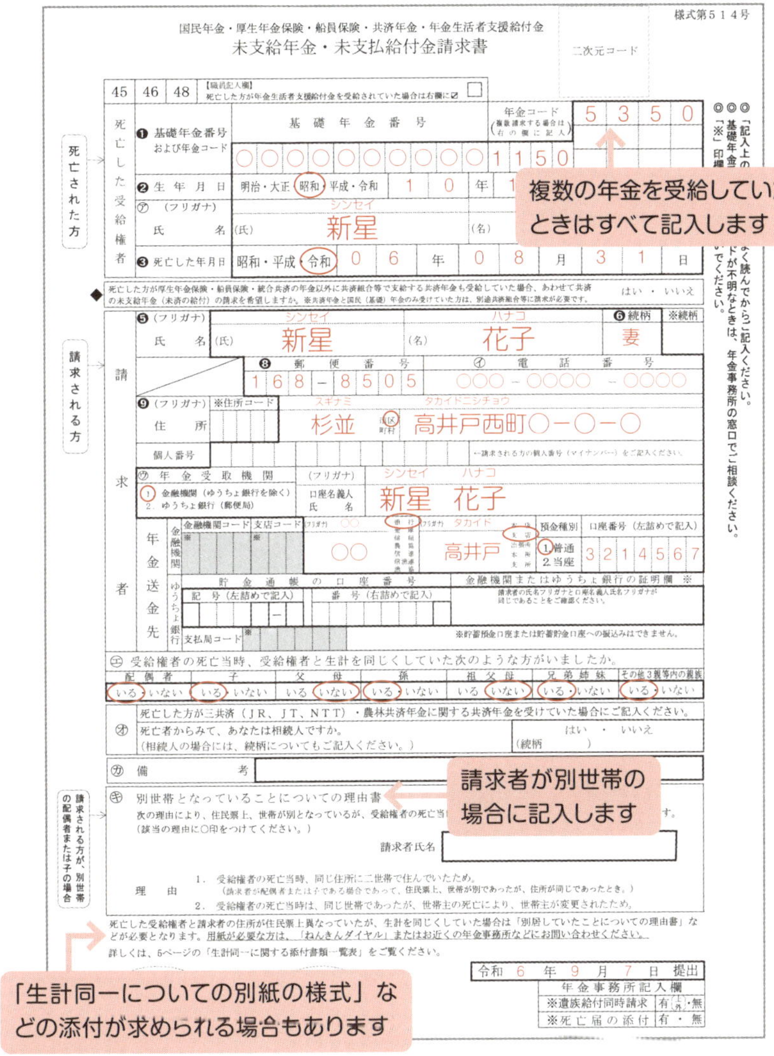

記入例の吹き出し：
- 複数の年金を受給していたときはすべて記入します
- 請求者が別世帯の場合に記入します
- 「生計同一についての別紙の様式」などの添付が求められる場合もあります

入手先・提出先	故人が居住していた市区町村役場の窓口、または年金事務所、街角の年金相談センター
手続きできる人	受給者と生計を同じくしていた、①配偶者、②子どもなど
必要なもの	故人の年金証書、戸籍謄本等、住民票の写し、預貯金通帳（コピー可）、別世帯の場合は指定の様式 代理人の場合は委任状、代理人の本人確認書類

提出先は、受給していた年金の種類によって、市区町村役場か年金事務所のどちらかです。まず、市区町村役場に連絡して年金の種類を説明して（→P90）、問い合わせてみるとよいでしょう。

死亡届も同時に提出する

未支給年金の請求書は、故人（年金受給権者）の**死亡届とセット**です。

住基ネットによって「年金受給権者死亡届（報告書）」は、亡くなった直後の提出が原則として不要とされているので、まだ提出していないときはここで提出します。

市区町村に問い合わせて、死亡届の直後の提出を求めているところ（→P30）では、そのとき同時に、未支給年金の請求もしたほうがスムーズです。

なお、市区町村で死亡届の提出を求められているのに届け出が遅れた場合は、本来、受け取れない年金まで振り込まれてしまうことがあります。この分は、後で返還しなければなりませんので、死亡届の提出時期はきちんと確認しておきましょう。

こういうケースでは？

年金の受給資格期間を満たしているのに受給していなかった

老齢基礎年金の受給資格を得るためには、原則10年以上、保険料を納めることが必要ですが、遺族基礎年金の場合の受給資格期間は25年以上です。故人がこれを満たして、支給が開始される年齢になっているのに受給していなかったときも、未支給年金として請求できます。この場合は、未支給年金の請求とあわせて、年金を請求する手続きも必要です。

老齢基礎年金のほか、障害基礎年金、後で説明する遺族基礎年金（→P96）、寡婦年金（→P99）も請求できます。

●……「年金受給権者死亡届（報告書）」の記入の仕方……●

複数の年金を受給していたときはすべて記入します

受付登録コード 1 8 5 0 1
入力処理コード 7 4 5 0

国民年金・厚生年金保険・船員保険・共済年金・年金
受給権者死亡届（報告書）

死亡した受給権者
❶ 基礎年金番号および年金コード　基礎年金番号 ○○○○ ○○○○○○　1150　年金コード（複数請求する場合は右の欄に記入）5 3 5 0
❷ 生年月日　明治・大正・(昭和)・平成・令和　10年 10月 10日
㋐（フリガナ）シンセイ　タロウ
　氏　名（氏）新星　（名）太郎
❸ 死亡した年月日　昭和・平成・(令和)　06年 08月 31日

届出者
❺（フリガナ）シンセイ　ハナコ　❻続柄 ※続柄
　氏　名（氏）新星　（名）花子　妻
❼ 未支給 有・無　❽ 郵便番号 168-8505　㋑ 電話番号 ○○○-○○○○-○○○○
❾（フリガナ）※住所コード　スギナミ　タカイドニシチョウ
　住　所　杉並(区)高井戸西町○-○-○　送信

◎ 未支給の年金・給付金を請求できない方は、死亡届（報告書）のみご記入ください。
◎ 死亡届のみを提出される方の添付書類
　1. 死亡した受給権者の死亡の事実を明らかにすることができる書類
　　（個人番号（マイナンバー）が収録されている方については不要です）
　　・住民票除票
　　・戸籍抄本
　　・死亡診断書（コピー可）　などのうち、いずれかの書類
　2. 死亡した受給権者の年金証書
　　年金証書を添付できない方は、その事由について以下の事由欄にご記入ください。

死亡届のみを提出する場合の説明があります

（事由）
　(ア) 廃棄しました。　　（令和 6 年 9 月 1 日）
　イ．見つかりませんでした。今後見つけた場合は必ず廃棄します。
　ウ．その他（　　　　　　　　　　　　　　　　　　　　　　）

年金証書を添付できない場合の記入欄です

㋒ 備

市区町村受付年月日	審査機関等受付年月日	令和 6 年 9 月 7 日 提出
		年金事務所記入欄
		遺族給付同時請求 有・無
		※未支給請求 有・無

入手先・提出先	未支給年金請求書（→P93）とセットで入手・提出
手続きできる人	未支給年金請求書（→P93）と同じ
必要なもの	故人の年金証書、死亡の事実を明らかにできる書類（戸籍抄本、死亡診断書のコピー、死亡届記載事項証明書）

✓ 該当すれば　故人に家計を支えられていたとき　　時効の5年以内に

遺族基礎年金が受給できるか確認しましょう

　家計を支えていた人が亡くなった場合は、**遺族年金**を受け取れることがあります。遺族年金は、遺族基礎年金と遺族厚生年金（→P100）の2種類です。亡くなった方が年金を受給していなくても、老齢年金の受給資格期間（→P94）を満たしていなくても、受け取れるケースがあります。

亡くなられた方に生計を維持されていたとき

　遺族年金が受給できる最も基本的な要件は、遺族が故人に「生計を維持されていた」ことです。具体的には、以下のように生計と年収の2つの要件を満たしている必要があります。

●……遺族年金が受給できる生計と年収の要件……●

次の2つを満たしていること
- ☐ 遺族は、亡くなられた方と生計を同一にしていた
- ☐ 遺族は、将来に渡って年収850万円を得られないか、5年以内に年収850万円未満になる

※「生計を同一」とは、ひとつの家計で生活していること。別居していた場合でも、生計同一と認められるケースがあります。詳しくは年金事務所などに問い合わせてみましょう

残された18歳未満の子どもがいるとき

　遺族基礎年金の場合、受給するには残された18歳未満の子ども（障がいのある子どもは20歳未満）がいることなどが必須です。正確にいうと、子どもが18歳になった年度の3月31日まで、妻・夫・子は遺族基礎年金を受給できます。ただし、遺族厚生年金の場合は、子どもがいなくても受給の対象になるケースがあります（→P100）。

●……遺族基礎年金が受給できる子どもの要件……●

次の2つのいずれかであること
- ☐ 下記の子を持つ妻、または夫
- ☐ 18歳の誕生日の年度末（3月31日）までの間にあるか、20歳未満で障害（等級1級か2級）がある、結婚をしていない子ども

例

国民年金に加入している夫

妻と18歳未満の子

夫が亡くなった場合、妻が遺族年金を受給できる

国民年金保険料を一定以上、納付しているとき

　亡くなられた方については、国民年金の被保険者か、受給資格期間（遺族基礎年金の場合は25年以上）を満たしているなどの要件があります。

　さらに重要なのが、保険料の納付要件です。大ざっぱにいって、被保険者期間の3分の2以上、保険料を納付しているか、申請して保険料を免除されていることが要件となります。

　遺族基礎年金の受給ができそうなときは、以上のような要件を年金事務所などで相談して、確認するとよいでしょう。

「国民年金遺族基礎年金裁定請求書」を提出する

　要件をすべてクリアできた場合は、遺族基礎年金の「裁定請求書（さいていせいきゅうしょ）」を市区町村役場の窓口か年金事務所などに提出します。

●……国民年金遺族基礎年金裁定請求書……●

入手先・提出先	故人が居住していた市区町村役場の窓口、または年金事務所、街角の年金相談センター
手続きできる人	給付の対象者
必要なもの	故人と請求者の年金手帳、死亡診断書のコピーまたは死亡届記載事項証明書、戸籍謄本、住民票の除票の写し、世帯全員の住民票の写しなど

　提出に必要なものは、ケースによって異なる場合があるので、窓口に問い合わせてから用意したほうが確実でしょう。

こういうケースでは？

18歳未満の子どもがいるのに遺族基礎年金が受給できないとき

　何らかの要件で（基礎年金が）受給できなかったときは、年金ではありませんが、児童扶養手当が受給できないか確認してみましょう。

　対象は、遺族基礎年金と同じ要件の子どもの面倒を見ている母、父、または父母に代わって養育している人です。

　所得（収入）の制限があるので、お住まいの市区町村の窓口に請求して認定を受ける必要があります。公的年金を受給している場合でも、手当の額を下回っているときは差額が受給できます。

こういうときの手続きは?

残された妻が60歳以上65歳未満だったとき

18歳未満の子どもがいなくて、遺族基礎年金が受給できない場合でも、**寡婦年金**（かふねんきん）というものが受けられる場合があります。

10年以上の婚姻期間がある妻

寡婦年金の対象は、亡くなった夫に生計を維持されていた、10年以上の婚姻関係がある妻で、内縁関係でも可です。

ただし夫は、国民年金の第1号被保険者として、保険料を納付した期間と免除期間の合計が10年以上あり、その上で老齢基礎年金や障害基礎年金を受けたことがない、という要件があります。

「国民年金寡婦年金裁定請求書」を提出する

要件を満たしている場合は、市区町村役場に寡婦年金の「**裁定請求書**」（さいていせいきゅうしょ）を提出します。請求の時効は、遺族基礎年金と同じ5年です。

●……寡婦年金が受給できるケース……●

夫が亡くなった場合、妻が寡婦年金を受給できる

✓ 該当すれば　年齢などの要件を満たした遺族　　時効の5年以内に

遺族厚生年金が
受給できるか確認しましょう

　遺族年金にも厚生年金があり、基礎年金に上乗せして受け取ることもできます。
　遺族厚生年金と、遺族基礎年金の大きな違いは、**子どもがいない妻・夫も支給の対象になる**点です。生計を維持されていた要件を満たせば（→P96）、父母・孫・祖父母が受給できる場合もあります。

対象者が年齢要件を満たしたとき

　遺族厚生年金を受給できる遺族は、以下のようになっています。受給に順位があるので、上の順位の人がいると下位の人は受給できません。

●……遺族厚生年金が受給できる遺族……●

順位

①
妻、子ども、
55歳以上の夫

②
55歳以上の
父母

③
孫

④
55歳以上の
祖父母

　子どもの年齢の要件は、遺族基礎年金の場合と同じ18歳未満などです。遺族厚生年金には、子ども以外の遺族にも年齢要件があります。
　たとえば、妻の場合、30歳未満で子どもがないときは、遺族年金が支給される期間は5年間だけになります。
　また、55歳以上の場合は、原則59歳までは支給されず、60歳から支給

が始まります。ただし夫は、遺族基礎年金を受け取れる、子どものいる夫であれば60歳になる前でも受給が可能です。

「厚生年金遺族給付裁定請求書」を提出する

亡くなられた方にも下のような支給の要件や、保険料の納付要件があるので、故人（こじん）が会社員だった時期を確認してみましょう。

●……遺族厚生年金が支給される要件……●

亡くなられた方について、次の4つのいずれかであること
- ☐ 厚生年金の被保険者であるときに亡くなった
- ☐ 被保険者だった期間の病気やケガが原因で、初診日から5年以内に亡くなった
- ☐ 老齢厚生年金の受給資格期間を満たしていた
- ☐ 障害厚生年金（1・2級）の受給権者だった

支給額は故人が受けていた報酬（収入）の額などで変わり、そのほか保険料を納付していた期間などの要件もあります。受給できる可能性があるときは、年金事務所などに相談するのが確実です。

提出時に必要なものもそれぞれのケースによって異なるので、問い合わせて用意しましょう。

●……厚生年金遺族給付裁定請求書……●

入手先・提出先	管轄する年金事務所または街角の年金相談センター
手続きできる人	給付の対象者
必要なもの	故人と請求者の年金手帳、死亡診断書のコピーまたは死亡届記載事項証明書、戸籍謄本、住民票の除票の写し、世帯全員の住民票の写しなど

該当すれば 遺族年金をもらえない人　　**時効の2年以内に**

死亡一時金が
受給できないか確認しましょう

　被保険者の期間などの理由で遺族年金が受給できない場合でも、**死亡一時金**の制度があります。死亡一時金は、遺族基礎年金や寡婦年金が受給できないとき、最後に確認したい給付です。

故人が3年以上、保険料を納めたときに支給

　亡くなられた方が、国民年金の第1号被保険者として保険料を36カ月以上納め、どの年金も受け取っていなかったときに、遺族に支給されます。

　対象になる遺族は、配偶者、子ども、父母、孫、祖父母、兄弟姉妹の順です。支給額は、保険料納付期間により12万円から32万円になります。

　ただし、寡婦年金を受けられる妻の場合は、どちらか一方を選択しなければなりません。

●……保険料納付期間による死亡一時金の支給額……●

保険料納付合計期間	一時金の額	保険料納付合計期間	一時金の額
36カ月以上 180カ月未満	12万円	300カ月以上 360カ月未満	22万円
180カ月以上 240カ月未満	14万5000円	360カ月以上 420カ月未満	27万円
240カ月以上 300カ月未満	17万円	420カ月以上	32万円

●……国民年金死亡一時金裁定請求書……●

入手先・提出先	故人が居住していた市区町村役場の窓口、または年金事務所、街角の年金相談センター
手続きできる人	受給者と生計を同じくしていた、①配偶者、②子など
必要なもの	故人の年金手帳、戸籍謄本、住民票の写し、預貯金通帳のコピーなど

年金を選ばなければならないとき、支給停止になるとき

　遺族基礎年金と遺族厚生年金は、1つの年金とみなされるので同時に受給できます。また、遺族厚生年金を受給しているときに、自分の老齢基礎年金を受給できるようになった場合なども、両方受け取ることができます。

　しかし、遺族基礎年金と老齢基礎年金の場合などでは、**どちらかを選択**しなければなりません。

　この場合、年金事務所などに「年金選択申出書」を提出します。

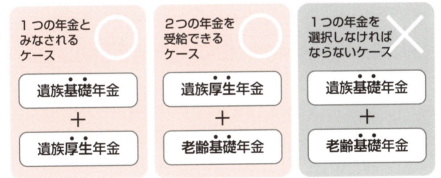

●……同時に受給できる年金、できない年金（例）……●

1つの年金とみなされるケース　○
遺族基礎年金 ＋ 遺族厚生年金

2つの年金を受給できるケース　○
遺族厚生年金 ＋ 老齢基礎年金

1つの年金を選択しなければならないケース　×
遺族基礎年金 ＋ 老齢基礎年金

●……年金選択申出書……●

入手先・提出先	最寄りの年金事務所、または街角の年金相談センター
手続きできる人	給付の対象者
必要なもの	共済組合などからも年金を受けている場合はその年金額が確認できる書類（改定通知書など）

　また、遺族年金も**支給が停止**になるケースがあります。

　たとえば、受給者が再婚したときなどです。

こういうときの手続きは?

会社の仕事中や通勤途中に亡くなったとき

会社の仕事中や通勤途中の場合は、労災保険（労働者災害補償保険）から支給される遺族給付もあります。

国民年金の遺族基礎年金にあたるのが「遺族（補償）年金」、死亡一時金にあたるのが「遺族（補償）一時金」です。「補償」が付かないのは通勤災害の場合で、付くのは業務災害となっています。

年金の場合、生計を維持されていた遺族に限られるのは同様ですが、対象となる遺族などは微妙に変わります。

「労働者災害補償保険遺族（補償）年金支給請求書」を提出

手続きは、勤務していた事業所の所轄の労働基準監督署に支給請求書を提出します。提出は請求者本人が行なうのが原則ですが、会社には助力をする義務があることになっているので相談してみましょう。

労災保険からは、「葬祭料（葬祭給付）」を支給する制度もあります。

●……労災保険の遺族給付……●

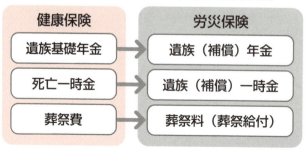

第5章

遺言と遺産分割の手続き

後の手続きのためにも早めに着手しましょう

遺言と遺産分割の手続きのポイント

★まず、亡くなられた方の遺言(ゆいごん)を探しましょう。遺産の分け方は、遺言の指定が最優先されるのが原則です。

★遺言がないときは、相続人(そうぞくにん)全員で遺産分割協議を行なって、遺産の分け方を決めましょう。

★遺産分割協議で相続人全員の合意が得られないときは、家庭裁判所に遺産分割調停の申立(もうした)てを行ないます。

> まずここを確認

遺言と遺産分割に必要な手続きは？

　亡くなられた方が残された遺産を、相続人の間でどう分けるか——これは、故人が遺言を残されたかどうかで大きく変わります。

　遺言が残されていた場合、最も簡単なケースでは、遺言の指定どおりに遺産を分けて手続きは完了です。相続人はすぐに、自分に与えられた遺産の相続や、名義変更の手続きに進めます。

遺言が残されていなかったときの話し合い

　これに対して遺言がなかったときは、相続人全員で話し合うことが基本となります。この話し合いを「遺産分割協議」といいます（→P128）。

　遺産分割協議のためには、まず相続人と相続財産をはっきりさせなければなりません（→P116）。特定された相続人全員で、判明した相続財産の分け方を協議するからです。

　うまく話がまとまれば、「遺産分割協議書」（→P134）を作成して手続きは終わりますが、なにぶんお金のからむ話、まとまらないこともあるでしょう。そのときは最終的に、裁判所に調停を申し立てることも考えなければなりません（→P136）。

こういうケースでは？

相続財産を確認して故人の借金が判明したとき

　相続財産の確認を進めると、故人の借金や保証債務など、債務が判明することがあります。そのときは、大急ぎで相続財産と債務を概算してみることです（→P122）。相続人が故人の債務を背負わないためには、「相続放棄」などの方法がありますが、その手続きの期限は相続人であることを知ったときから3カ月以内になっています。

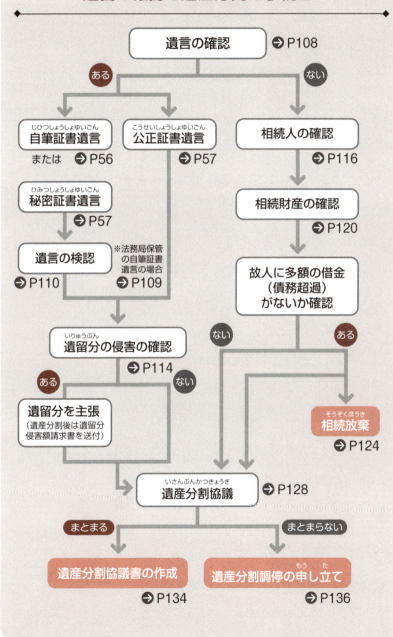

遺言が残されていないか確実に調べましょう

できるだけ早く

亡くなられた方が遺言を残したかどうか、はっきりしないときでも、遺言のあるなしは確実に確認しなければなりません。

「遺産分割（→P128）の話がまとまった後に、遺品を整理していたら見つかった」などとなったら、手続きのやり直しになってしまいます。

故人が公正証書の遺言を残していたとき

故人のほかに公証人がかかわる「公正証書遺言」と「秘密証書遺言」（→P57）の場合は、簡単・確実に探すことができます。遺言の原本は作成した公証役場に保管されていて、最寄りの公証役場で日本全国の「遺言検索」ができるからです。

こういうケースでは？

公正証書遺言の遺言検索をしたいとき

故人の除籍謄本や、検索をしたい人が相続人であることを確認できる戸籍謄本、本人確認書類などが必要になります。**公証役場に問い合わせてから行きましょう。**

検索だけなら無料でできますが、原本の閲覧や謄本の交付には手数料がかかります。

自筆の遺言書を探すとき

故人が自分で作成した「自筆証書遺言（→P57)」は、右ページにあげた例のようなところで見つかることが多いようです。心当たりをあたってみましょう。

故人が銀行の貸金庫を利用していた場合は、開けるには所定の手続きが必要になります。信託銀行では、遺言の取り扱いに力を入れているところが多いので、取引があったときはまず問い合わせてみることです。

　なお、2020年から「**自筆証書遺言の保管制度**」がスタートし、自筆証書遺言を法務局で保管してもらえるようになりました。これにより遺言書を紛失するリスクがなくなります。また保管してもらった遺言書は相続発生後の検認（→P 110）の手続きが不要になります。

　人に預けているケースのために、心当たりの方には亡くなったお知らせがもれなく届くようにしてください。お寺の住職に預けているケースもあるでしょう。また、自宅では、金庫の中や仏壇、故人が使っていた机の引き出し、故人の本棚、本の間などで見つかることがあります。

　ただし、自筆の遺言の場合は、見つかってもすぐに開封してはいけません（→次項）。

●……遺言を残した可能性があるところの例……●

自宅のどこか　　　銀行の貸金庫

親しい親戚、友人

知り合いの弁護士、税理士、司法書士など　　　菩提寺の住職

> ✓ 該当すれば　公正証書遺言以外だったとき　　できるだけ早く

必要に応じて遺言の検認を受けましょう

　法務局保管以外の故人が保管した、自筆証書遺言と、秘密証書遺言では「検認」という手続きが必要です。

　この手続きをしないで遺言書を開封したり、封印されていない遺言の内容を実行したりすると、罪に問われますので注意してください。

家庭裁判所に検認を申し立てる

　遺言書の検認には、「家事審判申立書」を提出します。提出先は、亡くなられた方の最後の住所地を管轄する家庭裁判所です。

　申立て後、家庭裁判所から相続人全員に、検認を行なう日（検認期日）が通知されます。相続人全員がそろわなくても、その日に検認の手続きが行なわれる決まりです。

　当日、申立人が遺言書を持参し、出席した相続人などの立会いのもとで封筒を開封して遺言書の形、加除訂正、日付、署名などが確認されます。

　検認後、「検認済証明書」を申請して、これが遺言書に付くと、遺言の内容に従った相続ができるようになるわけです。

●……遺言書の検認手続きの流れ……●

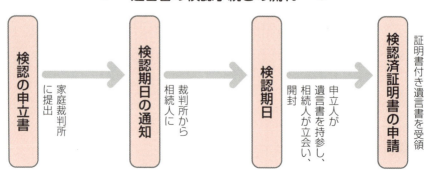

●……「家事審判申立書」（遺言書の検認）の記入の仕方①……●

受付印

家事審判申立書 事件名（ 遺言書の検認 ）

(この欄に申立手数料として1件について800円分の収入印紙を貼ってください。)

印紙 ← **手数料として800円分の収入印紙**

(注意) 登記手数料としての収入印紙を納付する場合は、登記手数料としての収入印紙は貼らずにそのまま提出してください。

収入印紙　　　円
予納郵便切手　円
予納収入印紙　円

太枠の中を記入します

関連事件番号 平成・令和　年（家）第　　号

○○家庭裁判所　御中
令和 6 年 9 月 21 日

申立人(又は法定代理人など)の記名押印　新星　一郎　㊞

添付書類 (審理のために必要な場合は、追加書類の提出をお願いすることがあります。)

申立人

本籍(国籍)　東京（都）台東区台東○丁目○番地
住所　〒110-0016　東京都台東区台東○丁目○番○号　電話○○(○○○○)○○○○
連絡先　〒　　　　電話（　）
フリガナ シンセイ　イチロウ　氏名　新星　一郎　(昭和)38年2月2日生（61歳）
職業　会社員

遺言者

本籍(国籍)　東京（都）台東区台東○丁目○番地
最後の住所　〒　申立人の住所と同じ　電話（　）
連絡先　〒　　　　電話（　）
フリガナ シンセイ　タロウ　氏名　新星　太郎　(昭和)10年10月10日生（88歳）
職業　無職

(注) 太枠の中だけ記入してください。
※の部分は、申立人、法定代理人、成年被後見人となるべき者、不在者、共同相続人、被相続人等の区別を記入してください。

別表第一－（1/　）

入手先・提出先	遺言者の最後の住所地の家庭裁判所
手続きできる人	遺言書の保管者、遺言書を発見した相続人
必要なもの	相続人目録、遺言者の出生時から死亡時までのすべての戸籍謄本、相続人全員の戸籍謄本、遺言者の子（およびその代襲者）で死亡している人がいる場合はその子（およびその代襲者）の出生時から死亡時までのすべての戸籍謄本など

第5章　遺言と遺産分割の手続き

●……「家事審判申立書」(遺言書の検認) の記入の仕方②……●

申立ての趣旨

遺言者の自筆証書による遺言書の検認を求めます。

> 検認を求める旨を記入します

申立ての理由

1　申立人は、遺言者から、令和〇年〇月〇日に遺言書を預かり、申立人の自宅金庫に保管していました。

2　遺言者は令和6年8月31日に死亡しましたので、遺言書（封印されている）の検認を求めます。なお、相続人は別紙の相続人目録のとおりです。

> 相続人は別紙の相続人目録と記入します

別表第一（　／　）

●……「相続人目録」（当事者目録）の記入の仕方……●

※ 相続人	本　籍	（戸籍の添付が必要とされていない申立ての場合は，記入する必要はありません。） 東京　（都）道／府県　台東区台東〇丁目〇番地	
	住　所	〒110－0016 東京都台東区台東〇丁目〇番〇号	（　　　　方）
	フリガナ 氏　名	シンセイ　ハナコ 新星　花子	大正／（昭和）／平成／令和　12年 12月 12日生 （　86　歳）
※ 相続人	本　籍	（戸籍の添付が必要とされていない申立ての場合は，記入する必要はありません。） 東京　都／道／府県　台東区台東〇丁目〇番地	
	住　所	〒210－0001 神奈川県川崎市川崎区本町〇丁目〇番〇号	（　　　　方）
	フリガナ 氏　名	シンセイ　ユミコ 新星　由美子	大正／（昭和）／平成／令和　41年 3月 3日生 （　58　歳）
※ 相続人	本　籍	（戸籍の添付が必要とされていない申立ての場合は，記入する必要はありません。） 東京　（都）道／府県　台東区台東〇丁目〇番地	
	住　所	〒110－0016 東京都台東区台東〇丁目〇番〇号	（　　　　方）
	フリガナ 氏　名	シンセイ　イチロウ 新星　一郎	大正／（昭和）／平成／令和　38年 2月 2日生 （　61　歳）
※	本　籍	（戸籍の添付が必要とされていない申立ての場合は，記入する必要はありません。） 　　　　都／道／府県	
	住　所	〒　－	（　　　　方）
	フリガナ 氏　名		大正／昭和／平成／令和　年 月 日生 （　　歳）

これが別紙の相続人目録で、用紙は「当事者目録」という名称のものを使います

「※」の部分に相続人と記入します

（注）　太枠の中だけ記入してください。　※の部分は，申立人，相手方，法定代理人，不在者，共同相続人，被相続人等の区別を記入してください。

第5章　遺言と遺産分割の手続き

✓ 該当すれば　遺言に相続分の指定があったとき　できるだけ早く

遺留分が侵害されていないか確認しましょう

　亡くなられた方の財産の相続は、遺言の内容が最優先されます。
　しかし、「愛人に全財産を相続させる」といった遺言があった場合、残された家族は路頭に迷ってしまうことでしょう。

侵害されているときは「遺留分侵害額請求書」を送付

　そこで法律は、配偶者、子ども、父母などに最低限の相続を認めています（兄弟姉妹は不可）。これを「遺留分」といいます。
　遺留分として請求できるのは、後で説明する「法定相続分」（→P128）の2分の1です。法定相続人が父や母、祖父母（「直系尊属」（→P54））だけの場合は3分の1になります。
　遺留分が侵害されているときは、侵害している人、つまり遺言によって財産を相続した人に「遺留分侵害額請求書」を内容証明郵便で送るのが一般的です。

●……遺言があっても最低限請求できる遺留分とは……●

遺留分 ＝ 「法定相続分」→P128 の2分の1か3分の1

例

法定相続人が配偶者と子2人の場合

配偶者　子　子
1/4　　1/8　1/8

請求書の内容は、遺留分侵害額の請求をしていることが伝わればよく、特別な要件はありません。

内容証明郵便の作成方法は、郵便局に問い合わせましょう。

相手が話し合いに応じないときは、家庭裁判所の調停・審判か、民事訴訟の手続きをとります。

●……「遺留分侵害額請求書」の書き方（例）……●

○○県○○市○○町○丁目○番○号
○○○○　殿

令和6年11月30日
東京都台東区台東○丁目○番○号
新星一郎　㊞

はじめから内容証明郵便の作成方法でつくっておくと効率的

遺留分侵害額請求書

　被相続人　新星太郎　は、令和6年8月31日に亡くなりました。
　被相続人は、全財産を貴殿に相続させる旨の遺言を作成していましたが、被相続人の法定相続人は、妻である花子、長男である私、長女である由美子の3名であり、上記遺言は私の遺留分を明らかに侵害しております。
　よって私は、貴殿に対して遺留分侵害額の請求をいたします。

以上

できるだけ早く

他に相続人がいないことを確認しましょう

　遺言の確認や検認と同じくらい重要なのが、正確な法定相続人の確認です。たとえば、家族が誰も知らない前の奥さんとの間に子どもがいた、といったケースでも、その子は正当な法定相続人となります。

亡くなられた方の一生の戸籍謄本をとる

　故人の法定相続人を確認するには、戸籍謄本（戸籍全部事項証明書）をとります（➡P42）。

　ただし戸籍は、故人の転籍や、行政が行なった戸籍自体のつくり換えの際に、抹消された事項が省略されています。ですから、すべてを確認するには故人の出生時から死亡時まで、すべての戸籍謄本をとらなければなりません。

　それには、現在の戸籍全部事項証明書から順にさかのぼります。平成にコンピュータ化される前のものをとくに「平成改製原戸籍謄本」といいますが、まずこれをとります。さらに、昭和の時代にも戸籍のつくり換えが行なわれているので、その「改製原戸籍謄本」も取得します。

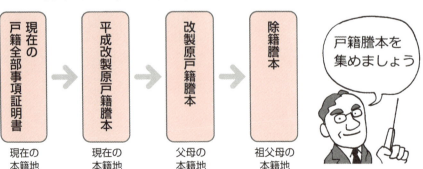

●……故人の出生時から死亡時までの戸籍謄本のとり方（例）……●

●……「戸籍謄本」（現在の「戸籍全部事項証明書」）の見方……●
（東京都北区がホームページに掲載している例）

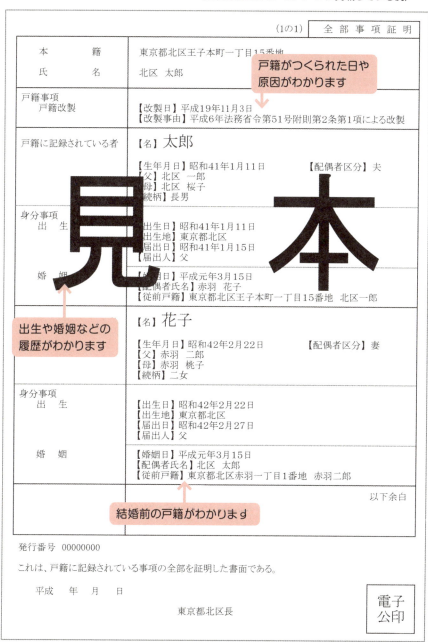

市区町村の窓口で取得するときは、相続の手続きで使うことと、ここでとれる戸籍謄本はすべてとりたいことなどを伝えると、改製原戸籍謄本まで、同時に取得できるようになりました。これを**広域交付制度**といいます（→P 44）。

この制度で請求できるのは、戸籍謄本や除籍謄本です。除籍謄本とは結婚や死亡、養子などで戸籍（本籍）から外れた人がわかるものです。

この、出生時から死亡時までのすべての戸籍謄本は、遺言の検認（→P110）や、相続の手続き（→第6章）でも必要になるので、とり方を覚えておきましょう。

「相続に使う」と伝えましょう

●……「戸籍謄本」（平成改製原戸籍謄本）の見方……●

（東京都北田区がホームページに掲載している例）

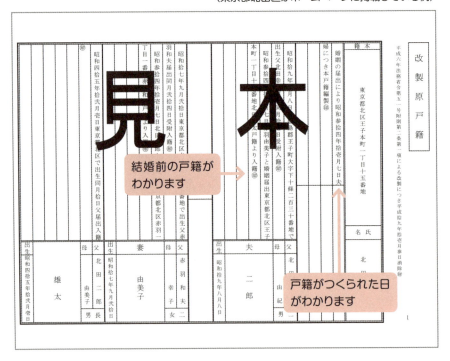

このように戸籍謄本をたどって、亡くなられた方の法定相続人になる人がほかにいないか、確認をします。もし見つかったときは、今後の相続手続きに加わってもらわなければなりません。

こういうケースでは？

見つからない戸籍謄本があるとき

すべての戸籍謄本が手続きに必要な場合は、手続き先に相談してみてください。たとえば遺言の検認手続きでは、申立て前に入手できなかった戸籍謄本などは、後で追加して提出する方法が認められています。

●……「除籍謄本」の見方……●
（東京都北区がホームページに掲載している例）

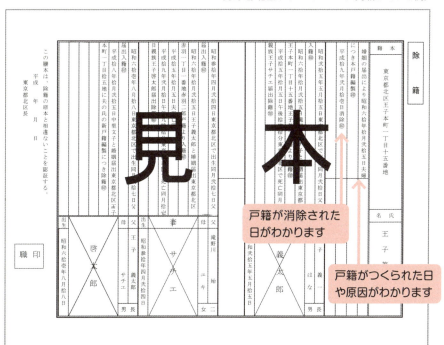

✓ すべての人　　　できるだけ早く

どんな相続財産があるか確認しましょう

相続財産についても、後で知らない財産が見つかったりすると、相続手続きのやり直しになることがあります。

どんな財産があるのか見当がつかないとき

下図のような手がかりから探し始めましょう。

不動産は、市区町村役場などで入手できる「固定資産評価証明書」や、他のいろいろな書類から地番や家屋番号が特定できたら、登記所（法務局）で不動産の「登記事項証明書」という証明書を交付してもらいます。それで、不動産の権利関係がわかるはずです。

有価証券や預貯金を調べる手がかりとしては、郵便物が役立ちます。取引があれば、何らかの書類が送られてくることが多いからです。その証券会社や金融機関に連絡をとれば、調べる方法を教えてもらえます。

このとき同時に、借金などの負債がないかも確認しましょう（→P122）。

●……相続財産を探す手がかりがほしいときは……●

不動産	有価証券	預貯金	その他の財産

- ●固定資産評価証明書
- ●固定資産税通知書
- ●登記済権利証
- ●登記簿謄本 など

- ●証券の現物
- ●証券会社からの郵便物 など

- ●通帳・カード
- ●金融機関からの郵便物 など

- ●ゴルフ会員証
- ●書画骨董の現物 など

財産目録をつくって整理する

調べた相続財産は、下のような**財産目録**に整理しておきましょう。

この財産目録は、相続税の評価額の概算（→P123）をするときなどにも役立つものです。そのため本来、相続財産ではない生命保険金なども入れ、また土地などの時価（推定価格）と相続税評価額（推定評可額）は異なるので別々の記入欄を設けてあります。

●……「財産目録」のつくり方（例）……●

財産	内容など	推定価格	推定評価額
預貯金			
宅地（自用地）			
宅地（貸宅地）			
その他土地			
借地権			
家屋			
上場株式			
取引相場のない株式			
公社債			
証券投資信託			
ゴルフ会員権			
書画骨董、貴金属			
その他の財産			
生命保険金			
財産合計			
借金			
その他の債務			
債務合計			
（差引）財産価格			

第5章 遺言と遺産分割の手続き

✓ 該当すれば　相続財産に問題があったとき　　できるだけ早く

相続をどうするか方針を決めましょう

　亡くなられた方の財産を確認して、何か問題があったときは、どうするか方針を決めなければなりません。

故人に多額の借金があったとき

　故人の預貯金を調べるとき（→P120）、同時に借金などの負債や、故人が生前に引き受けた保証人の義務などの債務が判明することがあります。これらも記録して、前ページの財産目録に合計を記入しておきましょう。

　もし、「債務合計」が「財産合計」を上回るようなら、相続人は結果的にマイナスの財産、すなわち借金などを相続するということです。

　これを避けるには、「相続放棄」と「限定承認」（→P124）という2つの方法があります。いずれも申立ての期限は相続人であることを知ったときから3カ月以内なので、できるだけ早く方針を決めなければなりません。

　とくに、限定承認の申立てを行なうには、相続人全員で共同して申立てを行う必要があります。

●……相続放棄と限定承認の違い……●

相続放棄

最初から相続人でなかったとみなされる。ひとりでも手続きできる

限定承認

相続財産の範囲内で借金を返済する。相続人全員で申し立てる

遺産に相続税がかかりそうなとき

次に、相続税がかかりそうなときも方針を決めなければなりません。

相続税の評価額は、実際の財産の価値とは別に算定されますが、だいたいのめやすは下表のようなものです。これで計算して、前項の財産目録の「推定評価額」欄に記入してみてください。

合計が基礎控除額（→P58）を超えるなら、相続税がかかる可能性が高いことになります。10カ月以内の申告・納税の期限に向けて、準備することが必要です。

こういうケースでは？

亡くなられた方の配偶者がご存命のとき

配偶者の税額軽減（→P182）を活用すると、トータルで相続税の納税額を低く抑えることができます。その場合、たとえば長男に全財産を継がせるといった相続はできなくなります。

●……相続税の財産評価額のめやす……●

財　産	概算評価額	
宅地（自用地）	財産を取得したときの	土地の時価 × 0.8
宅地（貸地）	財産を取得したときの	土地の時価 × 0.7
その他の土地	財産を取得したときの	土地の時価 × 0.8
借地権	財産を取得したときの	土地の時価 × 0.7
家屋	財産を取得したときの	固定資産税評価額
上場有価証券	財産を取得したときの	時　価
預貯金	財産を取得したときの	残　高
ゴルフ会員権	財産を取得したときの	時価 × 0.7
その他の財産	財産を取得したときの	時　価
生命保険金		保険金 － 非課税限度額※ ※500万円 × 法定相続人の数

第5章　遺言と遺産分割の手続き

こういうときの手続きは?

故人に借金があって相続をしたくないとき

「相続放棄」を選択すると、最初から相続人でなかったとみなされます。遺産分割の協議などにも、一切参加できません。

また、相続人に子どもがいても、代襲相続（→P54）をすることはできなくなります。慎重に考えて決めましょう。

3カ月以内に家庭裁判所へ申し立てる

手続きは、右ページの「相続放棄申述書」を家庭裁判所に提出します。期限は相続人であることを知ったときから3カ月以内です。とくに他の相続人の合意は必要なく、ひとりで手続きをすることができます。

なお、相続の放棄は、故人の負債が理由でなくても行なうことができます。たとえば、先祖伝来の土地建物を分散させたくない、自分だけ生前に贈与を受けていて他の相続人に申しわけない、といった場合も、それを理由に相続放棄を申し立てることが可能です。

こういうケースでは？

相続人の順位に注意しましょう

ひとりが相続放棄をすると、同じ相続の順位（→P54）の人に負債の相続分が移ります。同じ順位の相続人が全員、相続放棄をすると、次の順位の人が負債の相続人です。

これらの相続人が事情を知らないで、期限までに何の手続きもしないでいると、結果的に借金だけを負うことになってしまいます。

相続放棄をするときは、相続人になる可能性のある人全員に、事情を説明するようにしましょう。

● ……「相続放棄申述書」の記入の仕方①…… ●

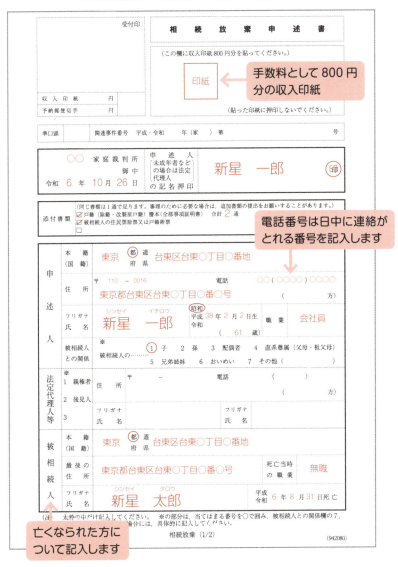

入手先・提出先	被相続人（故人）の最後の住所地の家庭裁判所
手続きできる人	相続人
必要なもの	被相続人の住民票の除票の写し、または戸籍附票、申述人の戸籍謄本など

●……「相続放棄申述書」の記入の仕方②……●

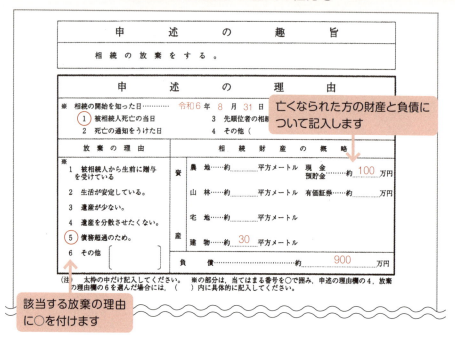

　遺産をまったく受け取らない相続放棄に対して、遺産を受け取り、その額の範囲内で故人の借金の返済をする相続の方法が「限定承認」です。
　限定承認を選択する場合は、111ページの「家事審判申立書」で「事件名」の欄に「相続の限定承認」と記して申立てをします。
　ただし、遺産目録の添付や、相続人全員で行なうなど、手続きは少し面倒です。どうしても限定承認を選択しなければならないときは、専門家（→P60）に相談したほうがよいかもしれません。

●……家事審判申立書（相続の限定承認）……●

入手先・提出先	被相続人（故人）の最後の住所地の家庭裁判所
手続きできる人	相続人全員が共同して行なうことが必要
必要なもの	遺産目録、被相続人の出生時から死亡時までのすべての戸籍謄本、住民票の除票の写しなど

こういうときの手続きは?

亡くなられた方が事業を行なっていたとき

　誰かが事業(個人)を引き継ぐ場合、故人に代わって事業の税務申告をする義務が生じます。故人が青色申告をしていたときは、引き継ぐ人も税務署に「青色申告承認申請書」という書類を提出しておくとよいでしょう。

廃業にはどのような手続きが必要か確認しましょう

　誰も故人の事業を引き継がないときは、故人が個人事業主なら税務署で「個人事業の死亡届出書」の手続きをします。

　会社組織だった場合は、手続きが少し面倒です。株式会社の場合、株主総会を開いて解散決議を行ない、登記所に会社の解散と、残務整理にあたる清算人の登記などをします。

　この後も、官報での公告、債務の弁済などが続き、まったく経験のない人が独力で進めるのは難しいかもしれません。このような場合、専門家(→P60)に相談することをおすすめします。

●……故人の事業を引き継ぐ・引き継がないときの手続き……●

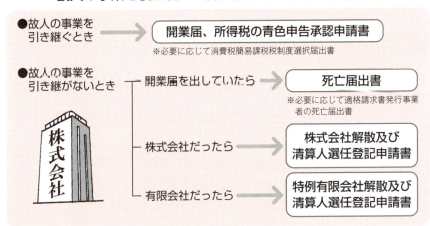

✔ 該当すれば　故人が遺言を残さなかったとき

できるだけ早く

遺言がないときは遺産分割協議をしましょう

亡くなられた方が遺言（ゆいごん）を残さなかったときは、相続人（そうぞくにん）が話し合って財産の分け方を決めます。これを「**遺産分割協議**（いさんぶんかつきょうぎ）」といいます。

誰と誰がどのように協議すればよいのか？

遺産分割協議には、相続人全員の参加が必要です。必ずしも全員が１カ所に集まって、話し合いの方法で行なう必要はありませんが、全員が何らかの形で参加していなければなりません。

ひとりでも参加していない相続人がいると、遺産分割協議自体が無効になってしまいます。

遺産は、相続人全員が合意すればどのように分割してもかまいませんが、目安となる「**法定相続分**（ほうていそうぞくぶん）」というものが法律に定められています。

右ページの図のように、まず配偶者（はいぐうしゃ）が、第１順位（➔P54）の子どもがいるときは２分の１、第２順位の父母などだけのときは３分の２、第３順位の兄弟姉妹だけのときは４分の３を相続するというものです。子ども・父母・兄弟姉妹が２人以上いるときは、残りをそれぞれ等分します。

こういうケースでは？

遺言の指定と違う分け方をしたい

実は、遺言に分け方の指定があっても、相続人全員が合意すれば違う分け方が可能です。その場合も、遺産分割協議を行なうことになります。

ただし、相続人以外の人に財産を贈る「遺贈（いぞう）」がある場合などは、その遺贈分を除いた財産だけを違う分け方にすることになります。

●……「法定相続分」とは……●

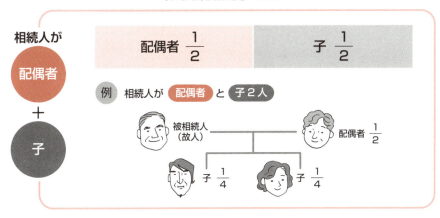

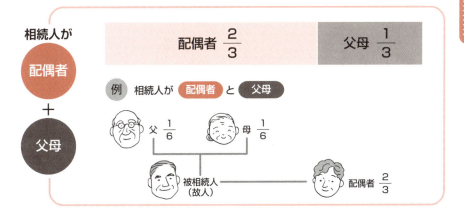

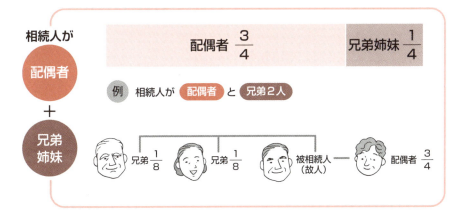

もちろん、法定相続分は目安であり、相続人が合意できるなら別の分け方をしても、まったく差しつかえありません。

どの方法で遺産を分割すればよいか？

実際に遺産をどう分割するかについては、主に右ページの図にあげた3つの方法があります。最も一般的なのは「現物分割（げんぶつぶんかつ）」の方法です。

現物分割で相続人全員が合意できないときは「換価分割（かんかぶんかつ）」の方法もとられます。また、たとえば長男に家を継がせたいといったケースでとられるのが、超過分を他の相続人に現金で支払う「代償分割（だいしょうぶんかつ）」の方法です。

なお、遺産分割協議を円滑（えんかつ）にする目的で、2020年から、相続発生時に自宅に住んでいた故人の配偶者に「配偶者居住権（はいぐうしゃきょじゅうけん）」という「住み続ける権利（居住権）」が認められるようになりました。

これにより自宅の権利は居住権と所有権の2つに分けられ、それぞれの権利を別の人が相続できるようになっています。

📎 こういうケースでは？

相続人の中に未成年者や行方不明者がいるとき

遺産分割協議には相続人全員の参加が必要なので、参加できない相続人には代理人を選任します。

未成年者の場合は、親権者が代理人になるのが一般的です。しかし、親権者も相続人のときは代理人になれないので、**特別代理人（とくべつだいりにん）** の選任を裁判所に申し立て、遺産分割協議に参加してもらいます。

認知症など、判断能力に欠ける成人の場合は、**成年後見人（せいねんこうけんにん）** の選任を裁判所に申し立て、代理人とするのが一般的です。

行方不明（ゆくえふめい）の相続人がいる場合は、**不在者財産管理人（ふざいしゃざいさんかんりにん）** の選任を裁判所に申し立てます。

● ……主な遺産分割の方法…… ●

現物分割（げんぶつぶんかつ）
財産別に相続人を決める

遺産	→	土地家屋 → 妻
		株式 → 長男
		預貯金 → 長女

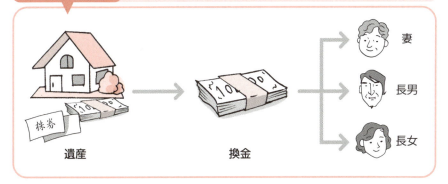

換価分割（かんかぶんかつ）
相続財産を換金して分ける

代償分割（だいしょうぶんかつ）
1人が相続して他の相続人には金銭などを支払う

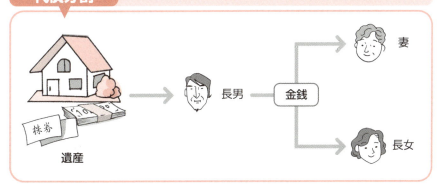

第5章 遺言と遺産分割の手続き

こういうときの手続きは?

生前に財産を贈与された人などがいるとき

　相続人の中にひとりだけ、故人の生前に贈与を受けた（財産を与えられた）人がいたりすると、遺産分割のときに他の相続人は不公平を感じるものです。法律では、このような生前贈与を受けた分を「**特別受益分**」と呼び、他の相続人から合意を得られないときは、「相続財産の前渡し」として扱います。たとえば、住宅購入時の資金を、長男だけが故人から援助してもらっていた場合、計算例は右ページのようになります。

　ただし、婚姻期間が20年以上の夫婦間で、居住用の建物や敷地の贈与または遺贈がされた場合は、遺産の前渡しとして扱う必要がありません。配偶者に贈与または遺贈をした人の意思が尊重されるわけてす。

故人の財産に「寄与」した人がいるとき

　逆に、故人の財産の維持や増加に貢献した人がいるかもしれません。ほとんど無給で商売を手伝って故人の財産を増やすのに貢献した、長期間にわたって介護を続けて故人の介護費用を節約した、などのケースです。

●……相続分にプラスマイナスされる分……●

特別受益分
マイナス
故人の生前に援助をもらっていた分

寄与分
プラス
故人の財産に貢献した分

法律では、このように故人の財産に貢献した分を「寄与分（きよぶん）」と呼んでいます。寄与分の額は、相続人の合意で決められます。寄与分を認める場合の計算方法は、特別受益分と逆に、寄与分をいったん相続財産から引き、相続人の間で分ける計算をした後、相続分に足すという手順です。

　寄与分は相続人に認められますが、たとえば長男の嫁が故人の介護をしていた場合など、「特別の寄与」として相続人に対し金銭の請求ができます。

　なお民法等の改正により、2023年からは相続開始後10年を経過した特別受益分や寄与分は認められなくなりました。

●……特別受益分があるときの計算方法……●

例
- ●相続財産：1億円
- ●相続人：妻、長男、長女
- ●特別受益分：故人の生前に長男が住宅資金2000万円をもらった

計算例

①特別受益分を相続財産に足す計算をする
　　相続財産1億円＋特別受益分2000万円＝1億2000万円

②相続分に従って財産を分ける計算をする
　　妻　　……1億2000万円 × $\frac{1}{2}$ ＝6000万円
　　長男……1億2000万円 × $\frac{1}{4}$ ＝3000万円
　　長女……1億2000万円 × $\frac{1}{4}$ ＝3000万円

③特別受益分を相続分から引く計算をする
　　妻　　………………………………………6000万円 ◀変更なし
　　長男……3000万円－2000万円（特別受益分）＝1000万円
　　長女………………………………………3000万円 ◀変更なし

※相続税の計算のときは、3年以内の贈与財産は相続財産に加算されます

該当すれば　遺産分割協議がまとまったとき　できるだけ早く

遺産分割協議書を作成し印をもらいましょう

　どのように遺産を分割するか、合意できたら「**遺産分割協議書**」を作成します。

　合意した内容を明確に記録して、後日の争いを防ぐことはもちろんですが、この遺産分割協議書は不動産の名義変更（→P154）や銀行預金の相続（→P146）でも必要です。

相続人全員の実印と印鑑証明書を添付する

　遺産分割協議書の書式は、基本的に自由となっています。ただし、誰が何をどれだけ相続するか明確になるよう、できるだけ具体的に記載することが大切です。

　遺産分割協議書は、全員が同じものを保管するために相続人の人数分つくります。そのすべてに各相続人が署名・押印し、実印の印鑑証明書を添付します。

　全員が署名・押印し、全員の印鑑証明書を添付したら、各相続人が1通ずつ持ち帰って保管します。

こういうケースでは？

取得する遺産の中に不動産があるとき
　登記簿謄本の記載をそのまま書きます。

遺産分割協議書が2枚以上になるとき
　用紙と用紙の間に押印します（「契印」という）。

●……「遺産分割協議書」のつくり方（例）……●
（法務省がホームページに掲載している例より作成）

遺産分割協議書

← 書式は基本的に自由。縦書きでも横書きでも可です

　令和6年8月31日、東京都台東区台東○丁目○番○号 新星太郎 の死亡によって開始した相続の共同相続人である新星花子、新星一郎及び新星由美子は、本日、その相続財産について、次のとおり遺産分割の協議を行なった。

1　相続財産のうち、下記の不動産は、新星一郎（持分2分の1）及び新星由美子（持分2分の1）が相続する。
2　相続財産のうち、株式会社○○銀行台東支店の定期預金（口座番号○○○○）及び○○株式会社の株式○○株（株券番号○○○○）は、新星花子が相続する。

　この協議を証するため、本協議書を3通作成して、それぞれに署名、押印し、各自1通を保有するものとする。
令和6年11月30日

　　　東京都台東区台東○丁目○番○号　　　新星花子　実印
　　　東京都台東区台東○丁目○番○号　　　新星一郎　実印
　　　神奈川県川崎市川崎区本町○丁目○番○号　新星由美子　実印

← 全員が署名・押印し、実印の印鑑証明書を添付します

記

不動産
　所　　在　東京都台東区台東○丁目○番○号
　地　　番　○○番
　地　　目　宅地
　地　　積　150平方メートル

← 不動産は登記簿謄本の記載をそのまま記入します

　所　　在　東京都台東区台東○丁目○番○号
　家屋番号　○○番
　種　　類　居宅
　構　　造　木造かわらぶき2階建
　床 面 積　1階　45平方メートル
　　　　　　2階　40平方メートル

第5章　遺言と遺産分割の手続き

✓ 該当すれば　協議が合意できなかったとき　　できるだけ早く

まとまらないときは調停を申し立てましょう

　遺産分割協議は、相続人全員の合意がないと成立しません。1人でも合意しない相続人がいると、いつまでたっても相続や名義変更の手続きに進めないことになります。

　そのような場合の最後の手段が、家庭裁判所に調停を申し立てることです。これを「**遺産分割調停**」といいます。遺産分割調停を申し立てるには、右のような「**遺産分割調停申立書**」の提出が必要です。

　調停は裁判とは異なり、裁判官から一方的に結論を言い渡されることはありません。裁判官と調停委員が、全員の意見を聞きながら合意に向けた話し合いを進めます。

調停でもまとまらないときは審判

　調停でも全員の合意が得られないとき、家庭裁判所は自動的に「**遺産分割審判**」に移行します。

　審判は、調停と違って話し合いではなく、審判官が証拠調べなどを行ない、当事者の希望も聞いた上で遺産分割の審判を下すものです。納得いかない場合は、不服の申し立てを行ない高等裁判所で争うことになります。

こういうケースでは？

相続人以外が遺産分割調停を申し立てるとき

　故人が、遺言によって相続人以外の人に財産を贈るとき、「全財産の3分の1」のように、割合で指定する方法があります。これを「包括遺贈」といい、受け取る人を「包括受遺者」といいます。

　包括受遺者は法律上、相続人と同じ権利義務を有するとされるので、遺産分割協議への参加や、遺産分割調停の申立てができます。

● ……「遺産分割調停（審判）申立書」の記入の仕方……●

申立書の写しは相手方に送付されます

この申立書の写しは、法律の定めるところにより、申立ての内容を知らせるため、相手方に送付されます。

受付印

遺産分割　☑ 調停　□ 審判　申立書

（この欄に申立て1件あたり収入印紙1,200円分を貼ってください。）

手数料として1200円分の収入印紙

印紙

（貼った印紙に押印しないでください。）

収入印紙　　円
予納郵便切手　　円

○○家庭裁判所　御中
令和 6 年 11 月 30 日

申立人（又は法定代理人など）の記名押印：新星　一郎　㊞

添付書類（審理のために必要な場合は、追加書類の提出をお願いすることがあります。）
☑ 戸籍（除籍・改製原戸籍）謄本（全部事項証明書）合計　通
□ 住民票又は戸籍附票　合計　通　　□ 不動産登記事項証明書　合計　通
☑ 固定資産評価証明書　合計　通　　☑ 預貯金通帳写し又は残高証明書　合計　通
□ 有価証券写し　合計　通

準口頭

当事者　別紙当事者目録記載のとおり

被相続人
最後の住所：東京 ㊣都 □道 □府 □県　台東区台東○丁目○番地
フリガナ：シンセイ　タロウ
氏名：新星　太郎
□平成 ㊣令和 6 年 8 月 31 日死亡

申　立　て　の　趣　旨
☑ 被相続人の遺産の全部の分割の（☑ 調停／□ 審判）を求める。
□ 被相続人の遺産のうち、別紙遺産目録記載の次の遺産の分割の（□ 調停／□ 審判）を求める。※1
　【土地】　　　　　　　　【建物】
　【現金、預・貯金、株式等】

申　立　て　の　理　由
遺産の種類及び内容：別紙遺産目録記載のとおり
特別受益※2　　　　　　☑ 有　／　□ 無　／　□ 不明
事前の遺産の一部分割※3　☑ 有　／　□ 無　／　□ 不明
事前の預貯金債権の行使※4　☑ 有　／　□ 無　／　□ 不明

申立ての動機
☑ 分割の方法が決まらない。
□ 相続人の資格に争いがある。
□ 遺産の範囲に争いがある。
□ その他（　　　　　　　　　　　　　　　　　）

(注) 太枠の中だけ記入してください。□の部分は該当するものにチェックしてください。
※1　一部の分割を求める場合は、分割の対象とする各遺産目録記載の遺産の番号を記入してください。
※2　被相続人から生前に贈与を受けている等特別な利益を受けている者の有無を選択してください。「有」を選択した場合には、遺産目録のほかに、特別受益目録を作成の上、別紙として添付してください。
※3　この申立てまでに被相続人の遺産の一部の分割の有無を選択してください。「有」を選択した場合には、遺産目録のほかに、分割済遺産目録を作成の上、別紙として添付してください。
※4　相続開始時からこの申立てまでに各共同相続人が民法909条の2に基づいて単独でした預貯金債権の行使の有無を選択してください。「有」を選択した場合には、遺産目録【現金、預・貯金、株式等】に記載されている当該預貯金債権の欄の備考欄に権利行使の内容を記入してください。

遺産（1/　）

第5章　遺言と遺産分割の手続き

入手先・提出先	相手方の1人の住所地の家庭裁判所、または当事者が合意した家庭裁判所
手続きできる人	相続人、包括受遺者
必要なもの	当事者目録、遺産目録、被相続人の出生時から死亡時までのすべての戸籍謄本、相続人全員の戸籍謄本、遺言者の子どもで死亡している人がいる場合はその子どもの出生時から死亡時までのすべての戸籍謄本、相続人全員の住民票の写し、または戸籍附票、遺産に関する証明書など

●……「当事者目録」の記入の仕方……●

> 申立人と相手方を区別します

> 該当する者全員を記入します

本書類の写しは，法律の定めるところにより，申立ての内容を知らせるため，相手方に送付されます。

当 事 者 目 録

	住所	〒 110 - 0016 東京都台東区台東○丁目○番○号 （　　　　方）
☑申立人 □相手方	フリガナ 氏名	シンセイ　イチロウ 新星　一郎	大正 ㊙昭和 平成 令和 38年 2月 2日生 （ 61 歳）
	被相続人との続柄	長男

	住所	〒 110 - 0016 東京都台東区台東○丁目○番○号 （　　　　方）
□申立人 ☑相手方	フリガナ 氏名	シンセイ　ハナコ 新星　花子	大正 ㊙昭和 平成 令和 12年 12月12日生 （ 86 歳）
	被相続人との続柄	妻

	住所	〒 210 - 0001 神奈川県川崎市川崎区本町○丁目○番○号 （　　　　方）
□申立人 ☑相手方	フリガナ 氏名	シンセイ　ユミコ 新星　由美子	大正 ㊙昭和 平成 令和 41年 3月 3日生 （ 58 歳）
	被相続人との続柄	長女

	住所	〒　　－ （　　　　方）
□申立人 □相手方	フリガナ 氏名		大正 昭和 平成 令和 年 月 日生 （　　歳）
	被相続人との続柄	

	住所	〒　　－ （　　　　方）
□申立人 □相手方	フリガナ 氏名		大正 昭和 平成 令和 年 月 日生 （　　歳）
	被相続人との続柄	

（注）□の部分は該当するものにチェックしてください。

遺産（　／　）

●……「遺産目録」の記入の仕方……●

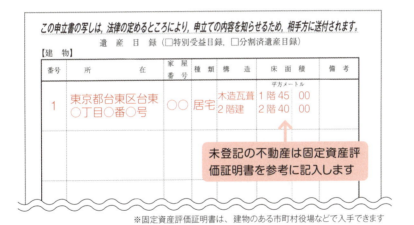

【土地】

この申立書の写しは、法律の定めるところにより、申立ての内容を知らせるため、相手方に送付されます。

遺 産 目 録（□特別受益目録，□分割済遺産目録）

番号	所　在	地番	地目	地積（平方メートル）	備考
1	東京都台東区台東	○ ○	宅地	150　00	建物1の敷地

→ 不動産は登記簿謄本のとおり記入します

【建物】

この申立書の写しは、法律の定めるところにより、申立ての内容を知らせるため、相手方に送付されます。

遺 産 目 録（□特別受益目録，□分割済遺産目録）

番号	所　在	家屋番号	種類	構造	床面積（平方メートル）	備考
1	東京都台東区台東○丁目○番○号	○○	居宅	木造瓦葺2階建	1階 45　00 2階 40　00	

→ 未登記の不動産は固定資産評価証明書を参考に記入します

※固定資産評価証明書は、建物のある市町村役場などで入手できます

【現金，預・貯金，株式等】

この申立書の写しは、法律の定めるところにより、申立ての内容を知らせるため、相手方に送付されます。

遺 産 目 録（□特別受益目録，□分割済遺産目録）

番号	品　目	単位	数量（金額）	備考
1	○○銀行台東支店普通預金（番号○○○○○○）		4,000,000 円	新星一郎が保管
2	○○株式会社　株式	50 円	7,000 株	新星一郎が保管

●……「特別受益目録」の記入の仕方……●

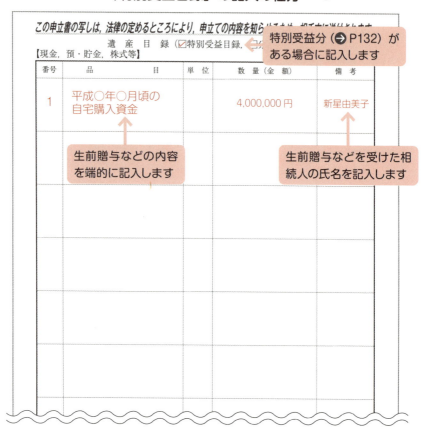

第6章
遺産の相続と名義変更の手続き

遺産ごとに相続届や名義変更の手続きが必要です

遺産の相続と名義変更の手続きのポイント

★生命保険金は相続の対象となるものではなく、指定されていれば特定の「受取人(うけとりにん)」または「相続人(そうぞくにん)」が直接受け取る権利があります。その場合、遺産分割協議(いさんぶんかつきょうぎ)の対象にはなりません。

★ご自分が相続した預貯金、株など有価証券、家や土地、自動車などの相続・名義変更手続きを進めましょう。

★そのほか、ゴルフ場やリゾートホテルの会員権、電話加入権なども手続きが必要です。

> まず
> ここを
> 確認

相続や名義変更の手続きが必要な遺産は？

　遺言や遺産分割協議によって財産の分け方が決まると、具体的な財産それぞれについて相続や名義変更の手続きができます。右ページにあげたのが、主な財産の相続や名義変更の手続きの一例です。
　これらの手続きは、手続きをする先もバラバラになっています。

「法定相続情報証明制度」で戸籍謄本などの省略も

　これらの手続きには被相続人と相続人の戸籍謄本などが必要になりますが、それを別のより簡単な書類で代えられる「**法定相続情報証明制度**」という制度もあります。
　この制度は、相続人が「法定相続情報一覧図」というものを作成して、**戸籍謄本**（→P116）などとともに登記所に申し出ると、登記所の認証文が付いた法定相続人に関する証明書を必要な数だけ交付してくれるというものです（→P45）。この証明書が、戸籍謄本などの代わりになります。
　金融機関や登記所などで多数の名義変更をする場合でも、戸籍謄本などを多数用意したり、使い回したりせずに、同時に手続きを進められるという点がメリットです。名義変更手続きの数が多くなるときは、この制度を利用すると、かなりの手間と時間を省くことができます。

> **こういうケースでは？**
>
> **名義変更手続きの数が少ないとき**
>
> 　普通に戸籍謄本などを用意して、名義変更手続きを行なうこともできます。法定相続情報一覧図や申出書の作成、申し出はあまり簡単とはいえないので、相続や名義変更手続きの数が少ないときは、従来の戸籍謄本などの提出を考えたほうがよいでしょう。

主な相続財産についての相続・名義変更手続き

	書類		手続先
☑ 死亡保険金の※	保険金請求書	→	保険会社に ➡ P144
☐ 銀行口座の	相続届 ★☆	→	金融機関に ➡ P146
☐ 株など有価証券の	相続手続依頼書 ★☆	→	証券会社などに ➡ P150
☐ 家や土地の	登記申請書（所有権移転）★☆	→	登記所に ➡ P154
☐ 自動車の	移転登録申請書 ★☆	→	陸運局に ➡ P160
☐ ゴルフ会員権の	名義書換申請書	→	ゴルフ場などに ➡ P162

★は被相続人の出生時から死亡時までのすべての戸籍謄本が必要な手続き
☆は相続人全員の戸籍謄本、印鑑証明書、住民票の写しなどが必要な手続き
※ただし生命保険の死亡保険金は相続財産とされない

第6章 遺産の相続と名義変更の手続き

✓ 該当すれば　故人が生命保険に加入していたとき　時効の3年以内に

生命保険の保険金を受け取る手続きをしましょう

　亡くなられた方が生命保険に入っていたかどうかは、ご家族のどなたかが聞いていると思います。加入していたときは、まず保険証券（ほけんしょうけん）を探して保障内容を確認しましょう。

　保険金を請求する手続きは保険会社によって異なりますが、連絡をとるとすぐに教えてもらえます。連絡先は、保険証券や、定期的に郵送されてくる契約内容のお知らせなどでわかります。保険会社が用意している「**保険金請求書**」に記入し、保険会社に提出するという手続きが一般的です。

保険金の受取人が指定されていないとき

　「受取人」が指定されている場合、保険金は保険の契約にもとづいて受け取るお金とされるので、**相続財産ではなく、遺産分割（いさんぶんかつ）（→P128）の対象にも入りません**。受取人が具体的に指定されていなくて、「相続人（そうぞくにん）」となっているような場合も、同様に相続財産とはされず、相続人それぞれに保険金を受け取る権利があるとされます。

　法律では、保険金の請求時効（せいきゅうじこう）は3年となっていますが、時効を過ぎても請求に応じてくれる保険会社があるようです。何年もたってから、保険証券が発見されたという場合でも、あきらめず問い合わせてみましょう。

📎 こういうケースでは？

死亡保険金は相続税の計算をするときに注意

　死亡保険金は、相続の手続きでは相続財産となりませんが、**相続税の計算では「みなし相続財産」（→P179）とされ、一定額が財産の価格に加算されます**。注意しましょう。

●……「保険金請求書」の記入の仕方（例）……●
（ライフネット生命定期死亡保険の例）

保険金・給付金等請求書 兼 同意書

ライフネット生命保険株式会社　御中
貴社の普通保険約款にもとづき、保険金・給付金等を請求いたします。
貴社から下記口座への振込完了をもって受領したものと認め、受領証は発行しません。
支払金を受領後に普通保険約款にもとづき、貴社から支払金の返還を請求された場合はこれに応じます。
貴社に提出した書類が返還されないこと、および別紙「個人情報の取扱いについてお客様にご了解いただきたい事項」に記載された個人情報の取扱いをそれぞれ了解のうえ、貴社による個人情報の利用等に同意いたします。
また、申告した内容や提出した書類等で治療内容詳細等がわからない場合に、貴社が直接医療機関へ照会すること、および、医療機関が治療内容詳細等の事実を回答することに同意いたします。なお、本書の複写も同様の効力があるものとします。
これらに同意のうえ、以下に署名いたします。

1. 請求日（記入日）　令和 6 年 9 月 28 日
2. ご請求の保険契約等

証券番号と被保険者名を記入します

被保険者名	新星　太郎		
保険種類		証券番号	
○○○○○○		5	○○○○○○
		5	

※証券番号は「5」から始まる10桁の数字です

3. 請求人（受取人）の氏名・住所等　※受取人が未成年の場合は親権者または後見人の方からご請求ください

請求人（受取人）	フリガナ	シンセイ　ハナコ
	氏名（自署）	新星　花子
	フリガナ	トウキョウトタイトウクタイトウ
	住所	東京都台東区台東○-○-○
	電話番号	○○-○○○○-○○○○
	日中の連絡先	○○-○○○○-○○○○

自署の指定があるときは受取人自身で署名します

4. 振込先指定

下記の口座を指定します　※請求人さま名義の口座をご指定ください

ゆうちょ銀行以外の金融機関	金融機関コード ○○○○	○○ 銀行／労働金庫／信用金庫／農協／信用組合	支店コード	台東 本店／支店／出張所
	口座種目　1.普通　2.当座　3.貯蓄	口座番号（右づめ）1234567	※口座種目に○がない場合は「1.普通」としてお取り扱いいたします。	
ゆうちょ銀行	記号 1　　0	通帳番号（右づめ）1		
口座名義人	シンセイ　ハナコ			

※書式や記入内容は、保険会社によって変わります

入手先・提出先	生命保険会社
手続きできる人	受取人
必要なもの	医師の診断書（保険会社指定）、被保険者（故人）の住民票の写し、または戸籍抄本、受取人の印鑑証明書など

✅ 該当すれば　口座を相続した人　　できるだけ早く

銀行口座などの相続手続きをしましょう

　銀行など金融機関の預金は相続財産ですから、遺言や遺産分割によって相続した人、遺言で贈られた人（受遺者という）は相続の手続きをしなければなりません。

　相続の手続きの流れは、一般に下図のようなものです。まず、口座の名義人が亡くなったことを、金融機関に知らせる必要があります。

　この連絡は電話でもかまいませんが、窓口に出向くと、後の届け出に必要な用紙なども入手できて便利です。

　もし、この時点でまだ口座が凍結されていなかったときは、この連絡に

●……銀行口座などの相続手続きの流れ……●

相続発生の連絡
　　↓　故人の取引店に
　　　　電話連絡か窓口に行って

書類の準備
　　↓　戸籍謄本、印鑑証明書、通帳・証書、
　　　　金融機関所定の相続届、
　　　　遺産分割協議書の写し、遺言書の写しなど

書類の提出
　　↓　相続届など
　　　　故人の取引店の窓口に

払戻しなどの手続き

よって口座が凍結されます（→P66）。

凍結されても相続人は、預貯金の額×１／３×法定相続分までは150万円を上限とした払戻しが認められます。手続きは金融機関に問い合わせてください。また、家庭裁判所に申し立てて必要性が認められると、仮払いが受けられます。

金融機関所定の「相続届」を提出する

銀行口座などの相続には、戸籍謄本などの添付も必要になるので、準備にはある程度の時間がかかるでしょう。その一方で、**金融機関所定の「相続届」**などの記入も必要です。

次ページにあげたのは常陽銀行の相続届の例ですが、どの金融機関のものでも、たいてい**相続人全員の自署と実印の押印**が必要になっています。それに加えて、相続が遺産分割協議によるか遺言によるかによっても、添付する書類が変わるので、よく確かめて書類をもれなく準備することが大切です。

●……相続届（常陽銀行の例）……●

入手先・提出先	被相続人（故人）の取引金融機関の窓口
手続きできる人	受取人、受遺者など
必要なもの	被相続人（故人）の出生から死亡までの連続した戸籍謄本、印鑑証明書、故人の預金通帳・証書など

こういうケースでは？
添付書類の「出生から死亡までの連続した戸籍謄本」とは

遺言の検認手続き（→P110）などで必要になる「出生時から死亡時までのすべての戸籍謄本」と同じものです。金融機関では、よくこちらの表現が使われています。

●……「相続届」の記入の仕方（例）……●

（常陽銀行の例）

※書式や記入内容は金融機関によって変わります

こういうときの手続きは?

家族も知らない
預金口座などがありそうなとき

　たとえば小口（こぐち）の定期預金などは、本人も忘れているのか、家族の話題にのぼることが少ないものです。
　また、定期預金や外貨（がいか）預金（よきん）などは、普通預金と違って通帳がないので、相続財産の確認（→P120）からもれることもあります。

金融機関に「残高証明書」の発行を依頼しましょう

　このように、故人（こじん）に家族の知らない預金などがないか、心配になったときには、金融機関に「残高証明書（ざんだかしょうめいしょ）」を発行してもらう方法があります。
　口座などの正確な残高がわかるだけでなく、通帳ではわからなかった預金などが出てくることがあるものです。
　相続手続きでの残高証明書は、相続人（そうぞくにん）なら比較的簡単に発行してもらえます。相続人全員の署名（しょめい）などは必要なく、ひとりの相続人だけで発行の依頼が可能です。
　手数料がかかり、戸籍謄本（こせきとうほん）や印鑑証明書（いんかんしょうめいしょ）なども必要になりますが、遺産分割協議（いさんぶんかつきょうぎ）（→P128）などを始める前、相続財産の確認のときにしておけば、より安心できるでしょう。

第6章　遺産の相続と名義変更の手続き

●……残高証明書発行依頼書（常陽銀行の例）……●

入手先・提出先	被相続人（故人）の取引金融機関の窓口
手続きできる人	相続人など
必要なもの	被相続人（故人）の死亡が確認できる戸籍謄本など、依頼者が相続人であることがわかる戸籍謄本、依頼者の実印および印鑑証明書など

> ✓ 該当すれば　有価証券を相続した人　　できるだけ早く

株式や投資信託などの名義変更をしましょう

　株式や投資信託、国債など有価証券を相続した人は、主に証券会社で相続の手続きをすることになります。有価証券の相続手続きは、銀行口座でする手続きとよく似たものです（→ P146）。

　ただし1点だけ、相続した人が同じ証券会社に口座を持っていない場合は、新しく**自分の口座を開設**しなければなりません。

　これは、手続きの最後の段階で、故人の口座から株式などを移管するた

●……株式など有価証券の相続手続きの流れ……●

相続発生の連絡
　　故人の取引店に
　　電話連絡や窓口に行って

書類の準備
　　戸籍謄本、印鑑証明書、
　　証券会社所定の相続手続依頼書、
　　遺産分割協議書の写し、遺言書の写しなど

書類の提出
　　相続手続依頼書など
　　故人の取引店の窓口や郵送で

相続人の口座開設

口座移管の手続き

めです。その株式を売却する予定でも、この移管が済まないとできません。

この新規口座の開設があるからか、一般に証券会社の相続手続きはサポートが充実しています。連絡をとると「相続キット」などが郵送され、中には必要な書類一式と、手続きを詳しくていねいに説明した「ご案内」などが入っている、といった具合です。

銀行口座の手続きとの違い

連絡をした時点で口座が凍結される点は、銀行口座の場合と同じです。

また、相続の方法によっては、故人の「出生から死亡までの連続した戸籍謄本」（→P147）などの提出を求められる点も、銀行口座の相続と似ています。

●……証券会社から送られてくる案内冊子の例……●
（むさし証券『相続手続きのご案内』の例）

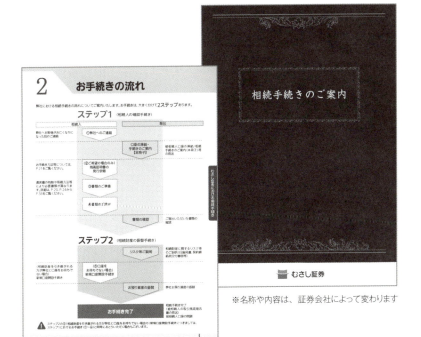

※名称や内容は、証券会社によって変わります

ただし、株式などの場合は、亡くなられた方がどういう形で株式を保有していたかで、必要な書類が変わってくるものです。

銀行口座のように、書類が準備できれば一度に手続きできるのではなく、追加で書類の提出などが必要になることがあります。2、3回、証券会社とやりとりをするケースのほうが多いかもしれません。

所定の「相続手続依頼書」などを提出する

証券会社での相続手続きの中心は、「**相続手続依頼書**」の記入と提出になります。

用紙は、証券会社から送られてくる書類の中に含まれているはずなので、心配いりません。記入方法や記入例も、案内の冊子にていねいな説明があることが多いでしょう。

こういうケースでは？

亡くなられた方が投資信託や国債なども持っていたとき

銀行などと同様に、証券会社でも「**残高証明書**」（→P149）の発行を依頼することができます。

ただし、相続の段階になってから投資信託や国債の存在が判明したのでは、手続きのやり直しになりかねません。故人が、証券会社と取引していたことがわかった時点で、相続財産の確認（→P120）の1つとして、証券会社の残高証明を依頼しておいたほうがよいでしょう。

また現在では、銀行でも投資信託や国債の販売を行なっています。銀行の残高証明書を確認するときに、注意しておきたい点です。

下のむさし証券の例では、遺言（→P108）による相続、遺産分割協議（→P128）による相続などケース別に、相続手続依頼書の記入方法などが説明されています。

●……「相続手続依頼書」の記入の仕方……●
(むさし証券『相続手続きのご案内』の例)

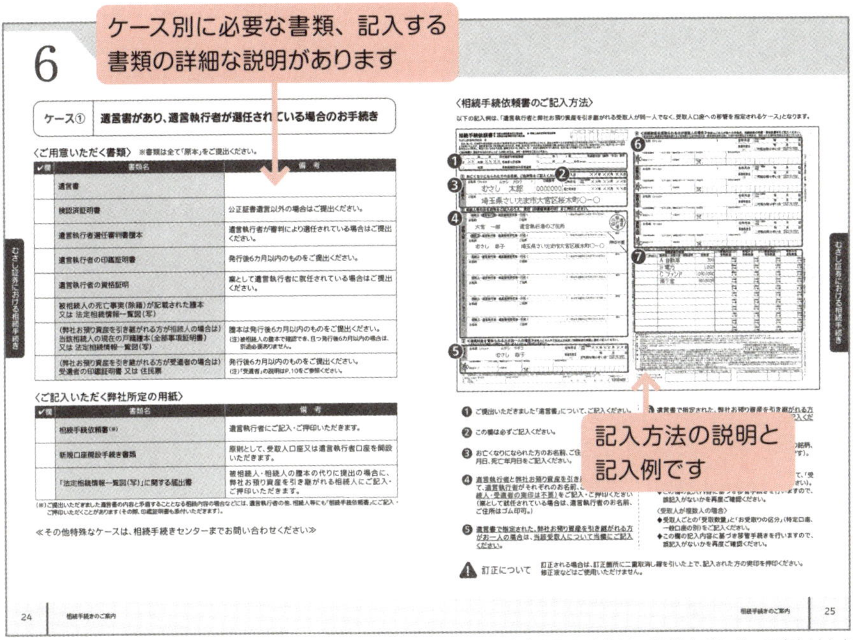

ケース別に必要な書類、記入する書類の詳細な説明があります

記入方法の説明と記入例です

※内容や記入方法は、証券会社によって変わります

入手先・提出先	証券会社
手続きできる人	相続人
必要なもの	ケースにより異なる（案内の冊子にケース別の詳細な説明がある）

第6章 遺産の相続と名義変更の手続き

> ✓ 該当すれば　不動産を相続した人　　できるだけ早く

家や土地の相続手続きをしましょう

　家や土地など不動産は、金額も大きいだけに相続の手続きの中でも重要です。たとえ売却する予定でも、まず相続する人の名義になっていなければなりません。それには、不動産の所在地を管轄する登記所（法務局）で所有権を移転させる登記の手続きをします。

　なお不動産の相続登記（名義変更）は 2024 年 4 月から義務化され、取得後 3 年以内に手続きを済ませないと過料が科せられることがあります。

管轄の登記所に「登記申請書」を提出する

　不動産の所有権を移転させる登記の流れは、下図のようなものです。

　まず、必要な書類を準備して、同時に右ページの「登記申請書」を作成します。他の申請書と異なり、登記申請書は、自分でパソコンなどを使ってつくる方式です。

●……家や土地の相続手続きの流れ……●

書類の準備
戸籍謄本、印鑑証明書、
登記申請書（所有権移転）、
遺産分割協議書、遺言書など

↓

登記申請
登記申請書など
管轄の登記所に

↓

登記の完了

書類の山!!

●……「登記申請書」（所有権移転）のつくり方……●
（法務局がホームページに掲載している様式の例）

＜記載例＞　　（記載例の解説及び注意事項等は、5ページ以下を御覧ください。）
＊　この記載例は、相続人である子2人が遺言により、相続財産中の不動産をそれぞれ2分の1ずつ相続した場合のものです。

※受付シールを貼るスペースになりますので、この部分には何も記載しないでください。

登　記　申　請　書

登記の目的　　所有権移転
原　　　因　　令和6年6月20日相続　（注1）
相　続　人　　（被相続人　法　務　太　郎）（注2）
　　　　　　　○○郡○○町○○34番地
　　　　　　　（住民票コード12345678901）（注3）
　（申請人）　持分2分の1　　法　務　一　郎　印（注4）
　　　　　　　○○市○○町三丁目45番6号
　（申請人）　持分2分の1　　法　務　温　子　印
　　　　　　　連絡先の電話番号00-0000-0000（注5）
添付情報
　　登記原因証明情報（注6）住所証明情報（注7）

□登記識別情報の通知を希望しません。（注8）

令和6年7月1日申請　○○法務局（又は地方法務局）○○支局（又は出張所）

課税価格　金2,000万円（注9）
登録免許税　金80,000円（注10）

不動産の表示（注11）
　不動産番号　　1234567890123　（注12）
　所　在　　　　○○市○○町一丁目
　地　番　　　　23番
　地　目　　　　宅地
　地　積　　　　123・45平方メートル

　不動産番号　　0987654321012
　所　在　　　　○○市○○町一丁目23番地
　家屋番号　　　23番
　種　類　　　　居宅
　構　造　　　　木造かわらぶき2階建
　床　面　積　　1階　43・00平方メートル
　　　　　　　　2階　21・34平方メートル

（注）などの文字は記載しません

赤字の部分を申請内容に応じて書き直します

登録免許税額を記載し、その分の収入印紙を別紙に貼付します

※書式や記載事項は登記内容によって変わります

第6章　遺産の相続と名義変更の手続き

入手先・提出先	不動産を管轄する登記所（法務局）
手続きできる人	相続人
必要なもの	被相続人（故人）の出生時から死亡時までのすべての戸籍謄本、除籍謄本、相続人の戸籍謄本、遺産分割協議書の写し、相続人全員の印鑑証明書、登録免許税など

前ページにあげたのは、法務局のホームページに掲載されている様式（一太郎、Word、PDF）で、ダウンロードして、下線の部分を申請する内容に応じて書き直すと申請書がつくれるようになっています。

　これと、添付書類などをとじて（下図を参照）、管轄の登記所に提出するわけです。

　登記が完了すると、「登記識別情報」というものが発行されます。これは昔でいう「不動産の権利証（登記済証）」のようなもので、パスワードなども記載された重要な書類です。大切に保管しておきましょう。

　ただ、遺言（→P108）の場合と遺産分割協議書（→P134）の場合で添付書類が変わり、他の手続きでは必要としない亡くなられた方の「固定資産評価証明書」なども必要になります。

　まったく経験のない人には、相当の労力と時間を要する手続きなので、お金はかかりますが、司法書士などに依頼することも検討してみましょう。

●……「登記申請書類」のとじ方……●

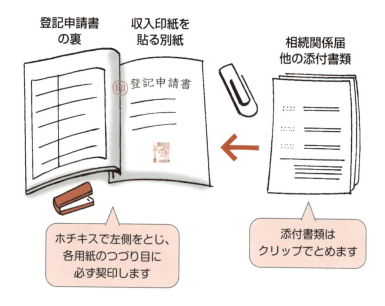

> **こういうケースでは？**
>
> **「相続関係説明図」を添付するとき**
> 　登記申請書に下のような「相続関係説明図」を添付すると、戸籍謄本の原本が返却され、別の手続きに使うことができます（「原本還付の手続き」という）。
> 　この説明図も、ダウンロードした様式から作成することが可能です。

●……「相続関係説明図」のつくり方……●
（法務省「登記申請手続きのご案内」に掲載している様式の例）

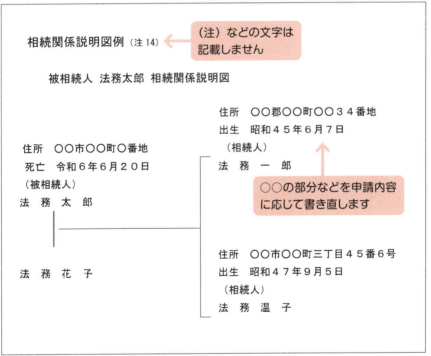

※記載内容は相続関係によって変わります

こういうときの手続きは？

故人に住宅ローンの残高があったとき

　故人が不動産の購入時に組まれた住宅ローンなら、「**団体信用生命保険**」に加入している可能性が高いはずです。

　団体信用生命保険は、ローンの契約者が死亡した場合に残高を保険金で支払ってもらえるもので、新規の住宅ローンではほとんどのケースで加入を勧められます。

抵当権抹消の登記をしましょう

　住宅ローンでは同時に、金融機関による**抵当権**の設定も行なわれているものです。団体信用生命保険の保険金が支払われると、ローンは完済された形になるので、この抵当権は抹消することができます。

　これも、登記申請書の提出で行なう手続きです。右ページが、法務省のホームページにある抵当権抹消の様式になります。

　所有権移転登記（→P155）もそうですが、不動産の登記申請ではとくに、添付書類の準備に相当な労力と時間がかかります。申請自体は郵送でもできますが、書類に不備があると申請のやり直しです。

　無理にひとりで進めるより、金融機関による紹介などの機会があったら、専門家に依頼することも検討してみましょう。

こういうケースでは？
金融機関から抹消登記に必要な書類が送られてきたら
　抵当権の抹消登記は抵当権者との共同申請なので、通常、ローンが完済になると金融機関は必要な書類一式を送ってきます。その際に、司法書士に手続きを依頼することを提案してくれるケースが多くなっています。

●……「登記申請書」(抵当権抹消) のつくり方……●
(法務局がホームページに掲載している様式の例)

＜記載例＞ (記載例の解説及び注意事項等は、5ページ以下を御覧ください。)
* この記載例は、土地又は建物に設定された抵当権(金融機関等の法人が抵当権者となっているもの)が解除又は弁済等により消滅した際に、個人が書面で抵当権の抹消の登記を申請する場合のものです。

※ 受付シールを貼るスペースになりますので、この部分には何も記載しないでください。

(注)などの文字は記載しません

登 記 申 請 書

登記の目的　抵当権抹消（順位番号後記のとおり）(注1)
原　　因　　令和6年7月1日解除（又は「弁済」等）(注2)
権 利 者　　○○郡○○町○○34番地
　　　　　　　　　　法 務 太 郎　(注3)

赤字の部分を申請内容に応じて書き直します

義 務 者　　○○市○○町二丁目12番地
　　　　　　　　株式会社○○銀行
　　　　　　（会社法人等番号　1234-56-789012）
　　　　　　　　代表取締役　○○○○　(注4)
添付情報
　登記識別情報（又は登記済証）(注5)　登記原因証明情報 (注6)
　会社法人等番号 (注7)　代理権限証明情報 (注8)
登記識別情報（又は登記済証）を提供することができない理由 (注9)
　□不通知　□失効　□失念　□管理支障　□取引円滑障害　□その他（　　　）

令和6年7月1日申請　○○法務局（又は地方法務局）○○支局（又は出張所）

申請人兼義務者代理人　○○郡○○町○○34番地
　　　　　　　　　　　　　　　法 務 太 郎　㊞ (注10)
　　　　　　連絡先の電話番号○○－○○

登録免許税　金2,000円 (注12)

登録免許税額を記載し、その分の収入印紙を別紙に貼付します

不動産の表示 (注13)
　不動産番号　1234567890123 (注14)
　所　在　　○○市○○町一丁目
　地　番　　5番
　地　目　　宅地
　地　積　　250.00平方メートル
　　（順位番号　3番）(注1)

　不動産番号　0987654321012
　所　在　　○○市○○町一丁目5番地
　家屋番号　　5番
　種　類　　居宅
　構　造　　木造かわらぶき平家建
　床　面　積　120.53平方メートル
　　（順位番号　3番）(注1)

※書式や記載事項は登記内容によって変わります

入手先・提出先	不動産を管轄する登記所（法務局）
手続きできる人	相続後の所有者（抵当権者の金融機関などと共同申請）
必要なもの	登記識別情報、抵当権者が作成した弁済証書や解除証書、抵当権者の資格証明情報（登記事項証明書等）など

☑ 該当すれば　故人のマイカーを相続する人　　できるだけ早く

自動車を相続したら名義変更をしましょう

　亡くなられた方の自動車を相続するということは、要するに**所有者の名義変更**です。自動車を使用する場所が変わって管轄（かんかつ）が変わると、ナンバープレートが変更になるケースもあります。

　仮に、売却することや廃車（はいしゃ）にすることを考えていても、いったんは名義変更をしなければなりません。

管轄の陸運局で移転登録する

　この手続きは、陸運局（りくうんきょく）（運輸支局）か陸運事務所（りくうんじむしょ）（自動車検査登録事務所）に「**移転登録申請書**（いてんとうろくしんせいしょ）」を提出します。

　この申請書は申請先の販売窓口で購入するものですが、OCRシートなので右ページの記入方法にあるようにエンピツでの記入になります。

　提出先は、自動車の使用の本拠の位置（住所）を管轄する運輸支局などとされているので、一般的には相続した人の住所の運輸支局などです。

　添付書類（てんぷしょるい）については、自動車の売買のような通常のケースに比べて、相

こういうケースでは？

自動車の相続手続きを専門家に頼みたい

　行政書士に依頼しましょう。名義変更も含めて、自動車に関する手続きを司法書士が行なうことはできません。

　車庫証明や廃車手続きを頼みたいときも、手続きができるのは行政書士です。

続による移転登録は少し複雑になっています。

通常の移転登録で新しい所有者が用意する書類は、印鑑証明書、車庫証明書、車検証、手数料納付書、自動車税・自動車取得税申告書などです。

しかし相続の場合はそれに加えて、被相続人の出生時から死亡時までのすべての戸籍謄本（→P116）、相続人全員の戸籍謄本、相続人全員の印鑑証明書、遺産分割協議書または遺言書などが必要になります。その点からも、手続きを行政書士に依頼するメリットはあるかもしれません。

● ……「移転登録申請書」（自動車）の記入の仕方……●

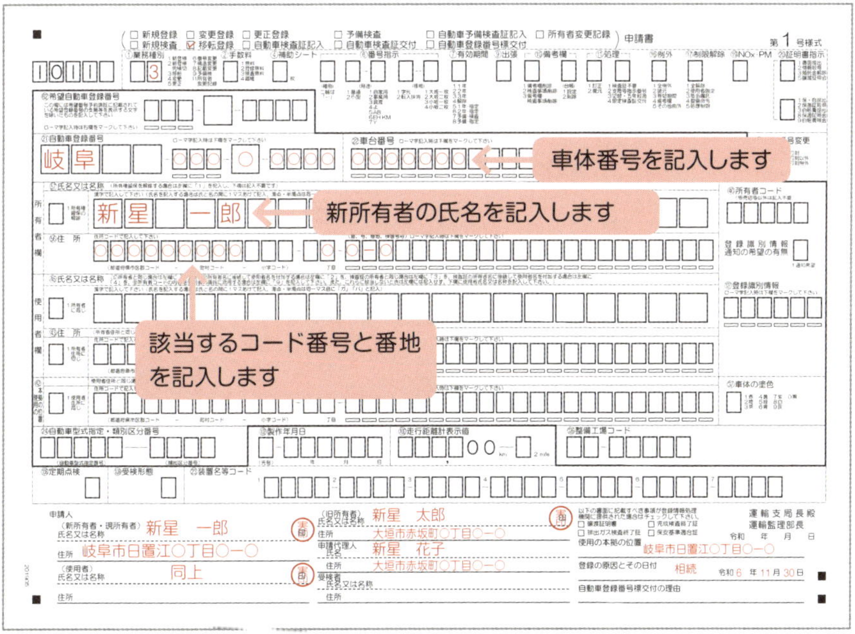

車体番号を記入します

新所有者の氏名を記入します

該当するコード番号と番地を記入します

入手先・提出先	自動車の使用の本拠の位置を管轄する運輸支局、検査登録事務所
手続きできる人	相続人
必要なもの	除籍謄本、印鑑証明書、自動車検査証、手数料納付書、車庫証明書、自動車税申告書、遺産分割協議書の写しなど

✅ 該当すれば　会員権などを相続した人　　できれば早く

ゴルフ会員権なども名義変更をしましょう

　ゴルフ場やリゾートホテルの会員権は、金額もある程度高く、法律上も相続財産として扱われています（→P169）。名義変更の手続きをきちんとしておきましょう。

手続きはゴルフ場などに問い合わせて

　手続きのしかたはゴルフ場やホテルによって変わるので、直接、問い合わせてみてください。一般的には、①「名義書換申請書」など所定の書類を提出、②入会審査、③名義書換料の支払い、という手順になります。

　会員権を売買するときの名義変更と同様、名義書換料がかかるわけですが、相続の場合は大幅に額を下げているゴルフ場も多いようです。

　なお、この名義書換料は相続後の支払いなので、相続税の計算で債務として差し引くもの（→P179）に含めることはできません。

骨董品や貴金属があったとき

　そのほか、**書画骨董・貴金属**といったものは、財産として遺言や遺産分

こういうケースでは？

相続財産の中に電話加入権があったとき

　相続財産という点では、**電話加入権も立派に相続財産**として扱われます。令和2年分の東京国税局管内の相続税評価額で、1回線あたり1500円というわずかな額ですが、財産評価基準書（→P170）にきちんと掲載されています。

　そのためか、NTTでも相続のための書類を用意しており、右ページがその届出書の様式です。

割の対象にはなりますが、とくに手続きは必要ありません。日本刀など一部の例外を除いては、現物をやりとりするだけで済みます。

日本刀は、美術品として価値のあるものでも銃砲刀剣類（じゅうほうとうけんるい）として登録されているので、登録している都道府県の教育委員会に所有者変更の届け出が必要です。

●……「電話加入権等承継・改称届出書」の記入の仕方……●
(NTT 西日本の例)

入手先・提出先	ホームページよりダウンロード。記入して加入権センターに郵送
手続きできる人	新契約者（相続人）
必要なもの	現契約者との相続人関係が確認でき、死亡年月日の記載がある戸籍謄本・戸籍抄本など、新契約者の印鑑

こういうときの
手続きは?

親の家を片づけたい、整理したい

　ひとり暮らしをしていた親が亡くなった、残された親が心配で引き取ることにした、などの事情で、親の家を片づける、整理するという課題に直面している方も多いと思います。

　家を片づけるほどの大仕事は、とても数ページで扱えるものではありません。それをテーマにした本に、あたっていただくほうがよいでしょう。

まずは相続の基本を大切にしましょう

　ただ、手続きという面から1ついえるのは、家を片づけるときにも、相続の基本が大切だということ。つまり、お金に換算できるものはすべて相続財産である（→P52）、この基本を忘れると、後々大きな問題になる危険性が高いということです。

　善意で片づけたのに、勝手に片づけた、処分したと他の相続人の怒りをかうのはよくある話でしょう。その点からいうと、遺産分割協議書（→P134）に次の文言を入れておくことも大切です。

> 本協議書に記載なき遺産および後日判明した遺産については、○○○○がこれをすべて取得する。

　これがあることによって、指定された相続財産以外は○○○○さんの了解だけで片づける、整理することができることになるからです。

第7章

相続税の申告と納税の手続き

10カ月以内に納税まで済ませる予定を組みましょう

相続税の申告と納税の手続きのポイント

★買ったときや売る場合の売買価格とは異なる、相続財産の評価の仕方を知っておきましょう。

★相続税の総額を計算してから各相続人に按分するという、相続税独特の計算方法を知りましょう。

★相続の開始があったことを知った日から10カ月以内に、申告書の提出と、現金による納付を済ませましょう。

> まずここを確認

知っておきたい相続税の計算方法とは？

　相続税の計算は、とても難しいといわれています。

　右ページの流れを見てもらうとわかるように、②で相続人ごとに財産を計算しているのに、④では全員分の税金の総額を計算し、⑤で再び相続人ごとに相続した割合に応じて負担する税額をふり分ける（按分）という、相続税独特の手順をふむからでしょう。

　これは、相続人が遺産をどう分けても、相続税の総額が変わらないようにするためです（→P181）。

遺産の分け方で変わるトータルの納税額

　でも実は、遺産の分け方次第で納める税額は変わります。とくに配偶者は、遺産の分け方さえ間違えなければほとんどの場合、納める税額をゼロにすることが可能です（→P183）。また、特例を活用して土地の評価額を2割に下げ、相続税額を大幅に少なくするようなこともできます（→P174）。

　実際には、相続税の申告は税理士に依頼するケースも多いと思いますが、このような特例を見落とさないためにも、相続税の計算方法と、そのしくみを知っておくことがとても大切です。

こういうケースでは？

納める相続税の額がゼロでも申告が必要なとき

　配偶者の税額の軽減や、小規模宅地等の特例の適用を受けるには、**納税額がゼロになる場合でも申告が必要**になります（→P186）。

　また、配偶者の税額の軽減を受けるために、遺産分割が済んでいることが条件になる場合もあります（→P183）。手続きをしっかりチェックしておきましょう。

相続税の計算手順と申告までの流れ

① 相続税の計算に使う財産の額を求める → P168

相続財産の「評価」

財産ごとに、決められた方法で評価額を計算する

② 各相続人が相続した財産の額を計算する → P178

各人の「課税価格」

各相続人の、相続税がかかる財産の額を
それぞれ計算する

③ 基礎控除額を引く → P179

「課税遺産総額」

②を合計して、その合計から基礎控除額を差し引く

④ 相続税の総額を計算する → P180

「相続税の総額」

③を、仮に「法定相続分」で分けたとして相続税の額
を計算し、合計して総額を算出する

⑤ 各相続人に相続税額を按分する → P184

各人の「相続税額」

④を、各相続人が実際に相続した割合で按分して、
各相続人の税額と納税額を算出する

⑥ 相続税の申告・納税 → P186

相続税の申告書を作成して、
被相続人（故人）の住所の税務署に提出、
納税する

申告に間に合うように

相続した財産を評価しましょう

　相続税(そうぞくぜい)は、相続した財産にかかる税金です。ですから、手続きのスタートは相続税がかかる財産の額を計算することから始まります。

　ここで計算する相続財産の額は、買ったときの額や売る場合の額でなく、相続税の独特の方法で決められた計算によって、はじき出された額です。ただの掛けたり割ったりの計算ではないので、財産の「評価」といい、「価額(かがく)」という言葉を使います。

評価方法は財産の種類ごとに変わる

　主な財産を評価するための方法は、右ページのようなものです。財産の種類によって、評価の仕方も変わっています。

　たとえば右ページの公社債(こうしゃさい)や投資信託などでは、細かい種類ごとに計算式が決まっているのです。もし相続した財産の中にこれらがあって、よくわからないときは税理士や税務署、故人(こじん)が投資信託などを取引していたところ（証券会社や銀行）などに相談しましょう。

こういうケースでは？

亡くなられた方の生命保険金を受け取っていたとき

　生命保険金は相続財産ではありませんが、相続税の計算では「みなし相続財産」になります（→P179）。

　ただし非課税限度額（500万円×法定相続人の数）があって、相続財産になるのはそれを超えた額です。故人が会社員で死亡退職金を受け取ったときも、同じ額が非課税限度額になります。

●……主な相続財産の評価の仕方……●

財産	評価の仕方	
現金	亡くなられた日の現金残高	
普通預金	亡くなられた日の預入残高	
定期預金	亡くなられた日の預入残高＋それまでの利子（－源泉税）	
宅地（自用地）	路線価方式または倍率方式	➡ P170
宅地（貸宅地）	自用地（更地）の評価額－借地権の価額	
借地権	自用地（更地）の評価額 × 借地権割合	
家屋（建物）	固定資産税評価額	
上場株式	決められた4つの価額のうち最も低い価額	➡ P176
取引相場のない株式	会社などにより4つの方式のいずれか	➡ P177
公社債	公社債の種類により決められた計算式	
証券投資信託	投資信託の種類により決められた計算式	
ゴルフ場会員権	死亡した日の取引価格×70%（＋ある場合は預託金）	
自動車、家財	類似品の売買価格や専門家の意見を参考に	
書画骨董、貴金属	類似品の売買価格や専門家の意見を参考に	
電話加入権	死亡した日の取引価格または標準価額	➡ P162
生命保険金	非課税限度額を差し引いた額	➡ P168

第7章 相続税の申告と納税の手続き

✅ 該当すれば　土地を相続した人　　申告に間に合うように

土地の相続税評価額を計算してみましょう

　土地は一般に、相続財産の中でも最も金額が大きいものです。相続税の額の大半は、土地の評価額で決まると思ってよいでしょう。

宅地なら「路線価方式」か「倍率方式」で評価

　住居用の土地である宅地の場合、評価方法は2種類あります。ご自分の土地がどちらの評価方法か知るには、国税庁の「**財産評価基準書**」というものを見てみましょう。税務署にも置いてありますが、現在では国税庁のホームページを見るのが簡単です。

　亡くなられた年の基準書の中の「評価倍率表」で、ご自分の地域を探してください。そこの「宅地」の欄に「路線」と書いてあったら「**路線価方式**」、数字が書いてあったら「**倍率方式**」です。

　路線価方式だった場合は、続けて基準書の中の「路線価図」でご自分の土地を探します。というより、土地の前の道路の数字を探してください。路線価というのは、その道路に面した宅地の1㎡あたりの価額なのです。

●……「倍率表」の見方（川崎市の例・部分）……●

国税庁・財産評価基準書より

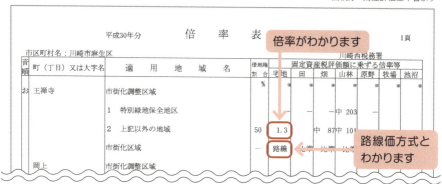

下が、路線価方式による宅地の相続税の評価額を計算する式です。

路線価×奥行価格補正率（×○○補正率）×面積＝相続税評価額

「奥行価格補正率」というのは、土地の奥行の長さ（m）によって評価額を補正する数値です。同じ土地の広さでも、土地の形によって評価額を変えるための数値になります。奥行価格補正率は、同じく基準書の中にある「土地及び土地の上に存する権利の評価についての調整率表」（→P173）でわかります。

奥行価格補正率を調べるためには、地区の区分がわからなければなりませんが、これも路線価図でわかります（下図参照）。

●……「路線価図」の見方（東京都台東区の例・部分）……●

国税庁・財産評価基準書より

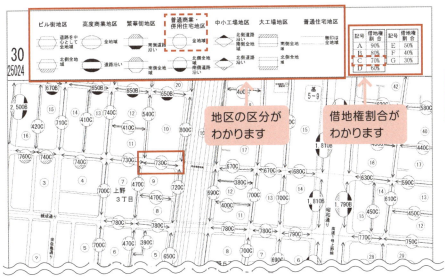

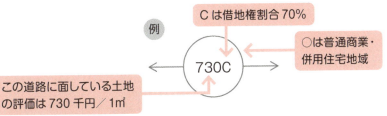

ほかにも「間口狭小補正率」「奥行長大補正率」「側方路線影響加算率」などがあり、該当する場合は計算式に加えることが必要です。

下が路線価方式による計算例になります。一番下の例のように２面以上が道路に面している土地（角地）の場合は「路線価×奥行価格補正率」を両方計算し、高いほうが基準になります。

この例では②の計算式で「側方路線影響率」を加えました。

●……路線価方式による土地評価額の計算方法……●

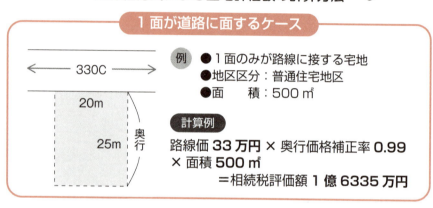

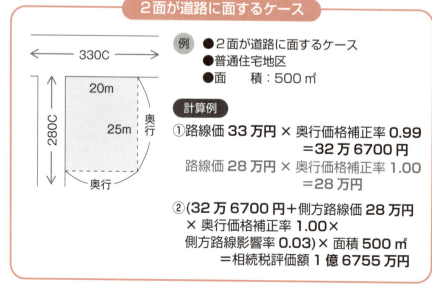

なお、**倍率方式の計算式**は、下のように「固定資産税評価額×倍率＝相続税評価額」という簡単なものです。

固定資産税評価額は、固定資産税の納税通知書などでわかります。

● ……倍率方式による土地評価額の計算方法…… ●

例　固定資産税評価額：7000万円　倍率：1.3

計算例

固定資産税評価額　×　倍率　＝　相続税評価額
　　7000万円　　　　1.3　　　　9100万円

● ……「調整率表」の見方（部分）…… ●

国税庁・財産評価基準書より

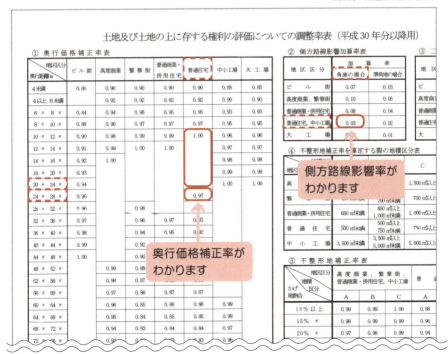

> ✓ 該当すれば　土地を相続した人　　申告に間に合うように

小規模宅地等にあたらないか確認しましょう

　亡くなられた方が住んでいた自宅の土地などは、財産とはいえ残された家族が普通の生活を送るのに必要なものです。
　そこで、面積が狭いなどの要件を満たす宅地には、評価額を減らしてくれる特例があります。それが「**小規模宅地等の評価減の特例**」です。

適用できれば相続税の評価額は8割減額される

　この特例が適用されると、宅地の評価額は最大80％減額になります。1億円の評価額が2000万円になるわけですから、相続税の額に影響大です。

　この特例のおかげで、相続財産の額が基礎控除額を下回ったというケースも珍しくありません。要件は次のようになっています。

●……評価減の特例を受けるための要件（特定居住用宅地等の場合）……●

次のうちいずれか1つ

①被相続人（亡くなった人）の配偶者が取得する

②被相続人と同居していた親族が取得し、亡くなる直前から相続税の申告期限まで住み続け、かつ所有し続ける

③次の (1) から (3) に該当する場合に、(4) と (5) の要件を満たす人
　(1) 被相続人または相続人が日本国内に住所があるか、相続人が国内に住所がない場合は日本国籍を持つ
　(2) 被相続人に配偶者がいない
　(3) 被相続人に同居していた親族がいない
　(4) 亡くなる前3年間に自分または配偶者の持ち家に住んだことがない
　(5) その宅地を相続税の申告期限まで所有し続ける

③はわかりにくいかもしれませんが、要するに、親がひとり暮らしをしていて(2)(3)、子は地方勤務で賃貸暮らし(4)、あるいは海外赴任(1)の場合でも、10カ月間売らなければ(5)、適用になるということです。

限度面積は330㎡となっています。330㎡を超えたらすべて適用外ということではなく、330㎡まで80％評価減、超えた分が適用外です。

この特例を受けるには、相続税の申告書に所定の事項を記載する必要があります。詳しくは、税務署などに問い合わせるとよいでしょう。

事業用の宅地も要件を満たせば減額される

亡くなられた方が事業に使っていた「特定事業用宅地等」も、対象になります。同族会社の事業用に貸し付けていた「特定同族会社事業用宅地等」、貸地や貸家・舗装した駐車場などの「貸付事業用宅地等」も対象です。

限度面積と減額割合は、下のようになっています。

いずれも、事業を引き継ぐ親族がいる、申告期限まで所有するなどの要件があるので、該当する場合は税務署などに確認してください。

なお、この制度はときどき限度面積などが変更になります。利用する場合は、最新の情報を入手するようにしましょう。

●……小規模宅地等の評価減の特例4種類……●

	限度面積	減額割合
①特定居住用宅地等	330㎡	80%
②特定事業用宅地等	400㎡	80%
③特定同族会社事業用宅地等	400㎡	80%
④貸付事業用宅地等	200㎡	50%
＋ ①と②または③で合計	730㎡	80%

✓ 該当すれば 株式を相続人した人　申告に間に合うように

株式の相続税評価額を計算してみましょう

　株式の評価は、株式の種類によっていろいろです。大きく分けると、上場株式と非上場株式とで評価方法が変わります。

取引所に上場されている株式だったとき

　「上場株式」とは、東京証券取引所などで取引されている株式のことです。これには取引されている価格という明確な基準があるので、これが評価額の基本になります。具体的には、亡くなられた日の最後の価格（「終値」という）を使うのが上場株式の評価の原則です。

　ただし、株価は値動きが激しいもの、その日の価格が極端に安かったり高かったりするケースもあります。そこで、下の4通りのうちから、最も低い金額を評価額とすることにしています。

　終値の月平均額は、各金融商品取引所ごとに出ている「月間相場表」などで確認することが可能です。

　もし、亡くなられた日が取引所の休日で、終値がない場合は、いちばん近い日の終値を使って評価額とします。

●……上場株式の評価方法……●

次のうち最も低い金額

① 亡くなった日の終値
② 亡くなった月の毎日の終値の月平均額
③ 亡くなった月の前月の毎日の終値の月平均額
④ 亡くなった月の前々月の毎日の終値の月平均額

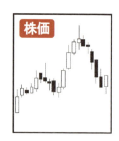
株価

取引相場のない、非上場株式だったとき

相続した株式が上場株式でなかったときは、「取引相場のない株式（出資）の評価明細書」という様式を使って評価しますが、かなり複雑です。

会社の規模や、一族で経営している「同族株主」かどうか、資産の構成割合などに応じて、下の3つの方式と、「類似業種比準方式・純資産価額方式を併用して評価する方式」の計4つの方式のいずれかで評価します。

かなり専門的な内容になるので、税理士に相談したほうがよいでしょう。

●……非上場株式の評価方法……●

類似業種比準方式
評価する会社と業種が類似する上場会社の株価、1株当たり配当などをもとに株価を計算する

純資産価額方式
評価する会社の純資産の額を、発行済株式数で割って株価を計算する

配当還元方式
評価する会社の配当金の額から逆算する考え方で株価を計算する

こういうケースでは？

会社の後継者が先代経営者から非上場株式を相続したとき

後継者がその会社を経営していく場合は、経済産業大臣の認定を受けて、評価額ではなく、その株式にかかる相続税の納税額の100％を猶予するという特例があります。非課税でなく猶予となっているのは、株式を後で売り払ったりしたときには納税しなければならないからです。

生前贈与の場合は、その分の贈与税の全額が納税猶予になり、先代経営者が亡くなると納税が免除されます。

申告に間に合うように

相続税の総額を計算してみましょう

169ページにあげたような相続財産について評価ができたら、相続税の金額の計算に入れます。まず、相続税の総額までを計算してみましょう。

「みなし相続財産」や生前贈与があったとき

それには、167ページの流れで見たように、各人の相続税がかかる財産から計算を始めます。

相続税がかかる財産は、後で説明する相続税の申告書（→P187）の用語では「**課税価格**」です。金額であらわすので「価格」と呼ぶのでしょう。

ここまでで評価してきたのは、いわば本来の相続財産ですが、これがまず第一に、課税価格になります。

●……相続した人ごとに相続税がかかる財産の額を計算……●

〔各人の「課税価格」の計算〕

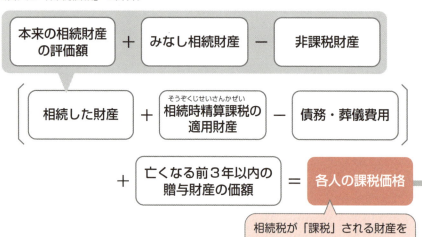

しかし、本来の相続財産だけが課税価格ではありません。

相続税には、「みなし相続財産」と呼ばれるものがあり、これも相続によって取得したとみなされる、相続税の課税対象です。

みなし相続財産の代表的なものには、生命保険の死亡保険金（→P144）、会社の在籍中に亡くなったときの死亡退職金などがあります。

また、故人の生前に「相続時精算課税制度」（→P185）で贈与を受けた分も、課税価格に加えることが必要です。

故人に借金などの負債があったとき

逆に、課税価格からはずすものとしては、相続税の「非課税財産」があります。代表的な非課税財産は、墓地や仏壇、それに死亡保険金などの非課税限度額（→P168）の部分です。

また、故人の借金などの債務や、葬儀の費用を負担した分も、相続税がかかる財産から差し引くことができます。

実際の相続税の計算では、ここまでで赤字になったときはゼロとし、その上で亡くなる前3年以内に贈与された財産を、課税価格に加えることになっています。

このようにして計算されるのが、その相続人の課税価格です。すべての相続人について計算したら、各人の課税価格を合計して相続税の「基礎控

第7章　相続税の申告と納税の手続き

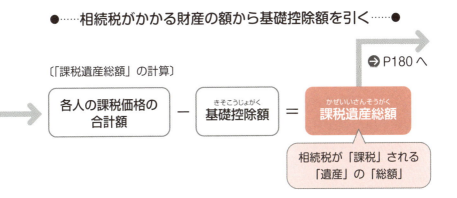

●……相続税がかかる財産の額から基礎控除額を引く……●

〔「課税遺産総額」の計算〕

各人の課税価格の合計額 － 基礎控除額 ＝ 課税遺産総額

→P180へ

課税遺産総額：相続税が「課税」される「遺産」の「総額」

179

除額」（→P58）を差し引きます。差し引いた残りは申告書の用語で「課税遺産総額」といい、これが相続税の総額を計算する際の大元の金額です。

課税価格の合計が基礎控除額以下だったとき

課税遺産総額が計算上マイナス、つまり**課税価格の合計額が基礎控除額以下**だったときは、相続税はかからず、特例の適用を受けていなければ申

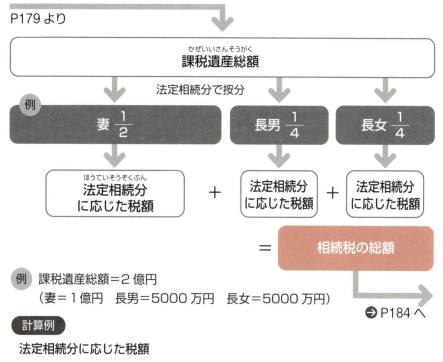

●……相続税の総額を計算……●

〔各人の「課税価格」の計算〕

P179 より

↓

課税遺産総額

法定相続分で按分

例 妻 $\frac{1}{2}$ 　長男 $\frac{1}{4}$ 　長女 $\frac{1}{4}$

法定相続分に応じた税額 ＋ 法定相続分に応じた税額 ＋ 法定相続分に応じた税額

＝ 相続税の総額

例 課税遺産総額＝2億円
（妻＝1億円　長男＝5000万円　長女＝5000万円）

→P184 へ

【計算例】

法定相続分に応じた税額
妻の税額＝1億円×30％−700万円＝2300万円
長男の税額＝5000万円×20％−200万円＝800万円
長女の税額＝5000万円×20％−200万円＝800万円

相続税の総額＝2300万円＋800万円＋800万円＝3900万円

告の必要もないということです。

しかし、そうでなかったときは、税額の計算に進みます。167ページで説明したように、遺産をどのように分けたかに関係なく、法定相続分に応じて分けたものと仮定して、各人ごとの税額を算出する計算です。

速算表を使って相続税の総額を計算する

相続税の税額の計算は、下の速算表を使って行ないます。計算自体は、各人それぞれの取得金額に税率を掛けて、控除額を引くだけの簡単なものです。これで各人の法定相続分に応じた税額が計算できます。

その税額を全員分、合計したものが「相続税の総額」です。この総額は、遺産をどう分けても変わりません。ですから、遺産分割協議（◯P128）の前でも試算してみると、総額でどれくらいかかるか、わかって便利です。

ただし、この額が実際に相続人全員が納める税額の合計ではありません。実際の納税額は、遺産の分け方でも大きく変わります（◯P182）。

●……相続税の速算表……●

法定相続分に応じた取得金額		税率	控除額
	1000万円以下	10%	—
1000万円超	3000万円以下	15%	50万円
3000万円超	5000万円以下	20%	200万円
5000万円超	1億円以下	30%	700万円
1億円超	2億円以下	40%	1700万円
2億円超	3億円以下	45%	2700万円
3億円超	6億円以下	50%	4200万円
6億円超		55%	7200万円

法定相続分に応じた取得金額 × 税率 − 控除額 = 法定相続分に応じた税額

✓ 該当すれば　相続税の納付が必要な人　　申告に間に合うように

各相続人の税額を計算してみましょう

　前項で計算した相続税の総額は、実際に納める相続税の総額とは異なります。これから進めるのは、実際に納める額を求める計算です。

各人の相続税額から税額控除

　なぜ実際に納める税額が変わるかというと、1つには各人の相続税の額を課税価格の割合で按分し直すから（→P183）。そしてもう1つは、各人の相続税の額から下のような「税額控除」を差し引けるためです。

　税額控除は図の順序で行ない、⑥までの控除で赤字になったときは、納

●……相続税の主な税額控除……●

①	贈与税額控除	亡くなる前3年以内の贈与により納めた贈与税額
②	配偶者の税額軽減	亡くなられた人の配偶者だけに認められる税額軽減
③	未成年者控除	10万円に20歳になるまでの、残りの年数を掛けた金額
④	障害者控除	10万円に85歳になるまでの、残りの年数を掛けた金額（特別障害者は20万円に掛ける）
⑤	相次相続控除	今回の相続前10年以内に相続があって相続税を納めていたときに一定額を控除
⑥	外国税額控除	外国で相続税相当の税金を納めたとき
⑦	相続時精算課税分	相続時精算課税制度で贈与税を納めていたときにその贈与税額に相当する金額

める税額はゼロになります。とくに**配偶者の税額軽減**は大きく、1億6000万円までなら税額はゼロです。1億6000万円を超えても、法定相続分は差し引くことができます。

●……「配偶者の税額軽減」の計算の仕方……●

$$相続税の総額 \times \frac{次の①または②のうちいずれか少ないほうの金額}{課税価格の合計額} = 配偶者の税額軽減額$$

①課税価格の合計額に配偶者の法定相続分を掛けて計算した金額、または1億6000万円のいずれか多いほうの金額

②配偶者の課税価格（相続税の申告期限までに分割されていない財産の価額は除く）

相続税の総額を課税価格の割合で按分する

実際の計算では、相続税の総額を課税価格の割合で按分した金額が各人の相続税額となります。**課税価格の割合**とは、課税価格の合計額に占める各人の課税価格の割合のことです。

この各人の相続税額から、各種の税額控除の額を差し引いたものが、各人が実際に納める税額となります。184ページに、税額控除まで含めた計算例をあげておきました。

> **こういうケースでは？**
> **財産を受け取った人が被相続人の配偶者・子ども・両親以外だったとき**
> その人の相続税額に、税額の2割相当の額が加算されます（代襲相続［→P54］を除く）。これを「相続税の2割加算」と呼んでいます。

● ……各人の納める相続税額の計算…… ●

〔「申告期限までに納付すべき税額」の計算〕

P180 より

```
          相続税の総額
```
法定相続分で按分

例　　妻 $\frac{1}{2}$　　　　長男 $\frac{1}{4}$　　　長女 $\frac{1}{4}$

相続税の2割加算、税額控除

例　相続税の総額＝3900万円
　　課税価格の合計＝2億4800万円　　妻の課税価格＝1億2400万円（$\frac{1}{2}$）
　　長男の課税価格＝6200万円（$\frac{1}{4}$）　長女の課税価格＝6200万円（$\frac{1}{4}$）

計算例

按分した税額

妻の税額＝3900万円 × $\frac{1}{2}$ ＝1950万円

長男の税額＝3900万円 × $\frac{1}{4}$ ＝975万円

長女の税額＝3900万円 × $\frac{1}{4}$ ＝975万円

配偶者の税額軽減　　3900万円 × $\dfrac{1億2400万円}{2億4800万円}$ ＝1950万円

長女（10歳）の未成年者控除＝10万円 × 10年＝100万円

妻の納める税額＝1950万円 － 1950万円＝0円
長男の納める税額＝975万円
長女の納める税額＝975万円 － 100万円＝875万円

妻の納める税額 0円　　　長男の納める税額 975万円　　　長女の納める税額 875万円

こういうときの手続きは？

相続時精算課税制度を利用していたとき

　生前贈与の贈与税を軽くする代わり、その分を相続税で納める制度があります。「相続時精算課税制度」といい、気軽に生前贈与をしてもらうことを目指したものです。

　この制度を利用していた場合、一定額までは贈与税は非課税となり、超えた額については一律20％の課税となります。

贈与財産を課税価格に加えて計算する

　その分は、相続税の計算時に、課税価格に加算しなければなりません（→P178）。加算する額は、相続の時点ではなく贈与のときの価額になります。また、一定額を超えて贈与税を納めた分は、税額控除の対象です（→P182）。

　なお、相続で財産を受け取らなかった場合でも、相続時精算課税制度で贈与を受けた分には相続税がかかります。

こういうケースでは？

住宅資金や教育資金、結婚・子育て資金の贈与は

　これらの贈与についても、贈与税を非課税とする措置があります。こちらの制度は相続税と関係なく非課税なので、課税価格に加算する計算は必要ありません。

　ただし、これらの贈与と同じ年に相続が発生すると、申告書などの提出が必要になることがあります。詳しくは、税務署などに問い合わせてみましょう。

第7章　相続税の申告と納税の手続き

該当すれば 申告書の提出が必要な人　10カ月以内に

相続税の申告手続きをしましょう

　相続税の申告は、「相続税の申告書」を税務署に提出することで行ないます。申告書は、同じ被相続人（亡くなった人）から相続や遺贈、相続時精算課税制度の贈与によって財産を受け取った人が、**共同で1組作成して提出する**のが一般的です。

税額軽減や税額控除があるとき

　課税価格の合計額が基礎控除額以下だった場合は、申告書を提出する必要がありません（→P58）。ただし、小規模宅地等の特例（→P174）や配偶者の税額軽減（→P183）の適用をした結果、基礎控除額以下になる場合は、特例の適用を受けるために申告書の提出が必要です。注意しましょう。

　提出の期限は、相続の開始があったことを知った日（通常は被相続人、故人が亡くなった日）の翌日から10カ月目の日となっています。

　申告書の提出先は、被相続人が死亡したときの住所地の税務署です。相続人の住所地の税務署ではないので注意しましょう。

こういうケースでは？

申告書を共同で提出できないときは

　連絡がとれないなど、どうしても共同で作成して提出できないときは、別々に申告書を提出しても差しつかえありません。

10カ月目が土曜日や日曜日、祝日だったときは

　その翌日が申告期限となりますが、そこまでギリギリの提出になるのは避けましょう。

●……「（第1表）」の記入の仕方①……●

故人が亡くなった日の年齢を記入します

控除をして赤字の場合は「0」を記入します

「00」などとあるときは未満を切捨てます

※記載事項は年によって変わることがあります

入手先・提出先	被相続人（故人）の住所地を所轄する税務署
手続きできる人	相続などにより財産を受け取った人
必要なもの	すべての相続人を明らかにする戸籍謄本、遺言書の写しまたは遺産分割協議書の写し、相続人全員の印鑑証明書、相続時精算課税適用者がいる場合は被相続人および相続時精算課税適用者の戸籍の附票の写しなど

第7章 相続税の申告と納税の手続き

第1表から第15表まで順番に作成する

　申告書の様式は、第1表から第15表までの番号が付き、控用なども含めると全部で40種類以上あります。この中から、**必要なものだけ作成して提出する**しくみです。下の図が作成の順序ですが、順番に作成していくと、相続税の計算の手順（→P166）に従って作成できます。

　一般的には、まず相続税のかかる財産（→P178）や被相続人の債務（→P179）などについて第9表から第15表を作成し、続いて課税価格の合計（→P179）や相続税の総額（→P181）を計算する第1表・第2表、最後

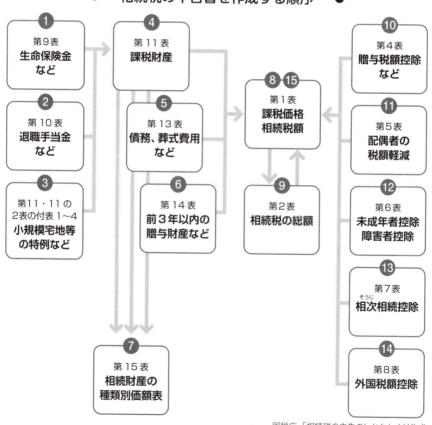

●……相続税の申告書を作成する順序……●

国税庁「相続税の申告のしかた」より作成

に第4表から第8表で税額控除（→P182）の計算をして第1表に転記するという順序です。ここでは、中心になる第1表の記入例をあげました。

これに加えて、たとえば相続時精算課税制度（→P185）の適用があれば第11の2表を作成、といった追加が必要になります。

●……「相続税の申告書（第1表）」の記入の仕方②……●

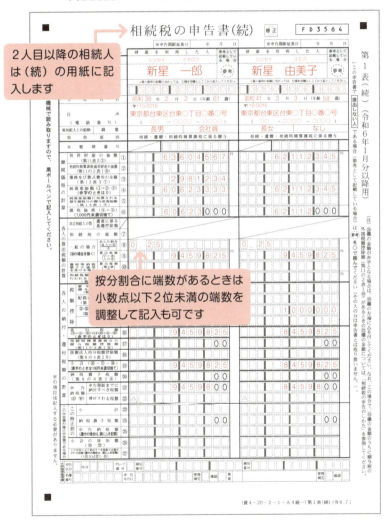

※記載事項は年によって変わることがあります

> ✓ 該当すれば 相続税の納付が必要な人　　10カ月以内に

相続税の税額を納付しましょう

　相続税を納付する期限は、申告と同じ10カ月目の日です。納付が遅れると、延滞税というペナルティが掛かります。

現金に納付書を添えて提出する

　相続税は、**金銭で一括納付**することが原則です。納付場所は金融機関か所轄の税務署で、現金に「納付書」を添えて提出します。納付書には、住所・氏名・税額・申告書を提出した税務署名などの記入が必要です。

　また、現金ではなく、国税庁のクレジットカード納付専用サイトから**カード払いも可能**です。

　なお、相続税の納付には、相続人が互いに連帯して行なう連帯納付義務があります。

●……納付書……●

入手先・提出先	金融機関の窓口または所轄の税務署
手続きできる人	相続などにより財産を受け取った人
必要なもの	納付する現金

📎 こういうケースでは？

相続人のひとりが納付をしなかったときは

　本人に督促状が送られて1カ月を経過すると、連帯納付義務者に完納されていない旨の知らせが送られてきます。連帯納付義務者に納付が求められるときは、納付通知書も届きます。納付通知書が送られて2カ月を経過すると、連帯納付義務者にも督促状が届きます。

納付税額を現金で一括払いできないとき

どうしても、期限までに金銭による一括納付ができないときは、一定の要件を満たすことによって、例外的な納付方法が認められます。年賦により分割納付をする「延納」と、相続財産で納付する「物納」の方法です。

どちらの方法も、さまざまな要件を満たすことが必要で、しかも税務署の許可が必要になります。

希望しても認められるとは限らず、物納の場合は充てることができる財産の順位があって、相続人側で選ぶことはできません。

ほかに納税の方法がないという場合は、延納・物納の詳しい内容について税務署に問い合わせてみるとよいでしょう。

●……相続税の納付方法は……●

国税庁「相続税の申告のしかた」より作成

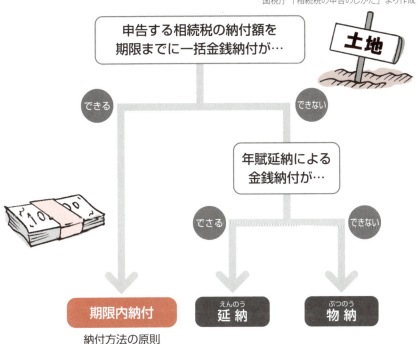

●監修者紹介

関根 俊輔（せきね しゅんすけ）
税理士。
中央大学法学部法律学科卒。平成19年税理士登録、税理士法人ゼニックス・コンサルティング社員税理士。近年の高齢化に伴い、「亡くなる前」の贈与や相続税の事前対策から、「亡くなった後」の遺産分割、二次相続に至るまで、財産の収益化・コンパクト化を重視した、遺族の暮らしの総合コンサルティングを提供している。

関根 圭一（せきね けいいち）
社会保険労務士、行政書士。
30年を超えるキャリアの中、遺言書の作成、立ち会い、健康保険の切り替え、遺族年金の請求等、数百名分の実務に対応した実績を持つ。大切な家族が亡くなることは、常に稀であるという考えのもと、難しい手続きをわかりやすく説明し、故人の代わりとなって、遺族との円満な遺志疎通を実現している。

大曽根 佑一（おおそね ゆういち）
司法書士、行政書士。
中央大学法学部法律学科卒。平成17年司法書士登録、平成26年行政書士登録。司法書士・行政書士大曽根佑一事務所代表。街の法律家として、相続発生以前の遺言書等による紛争予防アドバイスから、相続発生後の登記手続・相続財産管理業務に至るまで、相続にまつわる多岐の分野に積極的に取り組む。

本書の内容に関するお問い合わせは、書名、発行年月日、該当ページを明記の上、書面、FAX、お問い合わせフォームにて、当社編集部宛にお送りください。電話によるお問い合わせはお受けしておりません。また、本書の範囲を超えるご質問等にもお答えできませんので、あらかじめご了承ください。
FAX：03-3831-0902
お問い合わせフォーム：https://www.shin-sei.co.jp/np/contact.html

落丁・乱丁のあった場合は、送料当社負担でお取替えいたします。当社営業部宛にお送りください。

本書の複写、複製を希望される場合は、そのつど事前に、出版者著作権管理機構（電話：03-5244-5088、FAX：03-5244-5089、e-mail：info@jcopy.or.jp）の許諾を得てください。
JCOPY ＜出版者著作権管理機構 委託出版物＞

改訂4版 大切な家族が亡くなった後の
手続き・届け出がすべてわかる本

2024年9月25日　初版発行
2025年4月5日　第2刷発行

監修者	関根俊輔／関根圭一／大曽根佑一
発行者	富永 靖弘
印刷所	誠宏印刷株式会社
発行所	東京都台東区台東2丁目24　株式会社 新星出版社　〒110-0016　☎03(3831)0741

© SHINSEI Publishing Co., Ltd.　　　Printed in Japan

ISBN978-4-405-10449-5